この1冊で
ポイントがわかる

「働き方改革」の教科書

トムズ・コンサルタント株式会社
河西知一・小宮弘子
Tomokazu Kasai　Hiroko Komiya

SOGO HOREI PUBLISHING CO., LTD

はじめに

「働き方改革」という言葉は、昨年から新聞・雑誌やテレビなどのメディアで見聞きしない日はないと言ってもいいくらいポピュラーになりました。

それに伴い、私たちのクライアント企業の経営者や人事総務担当者の方々からも、この「働き方改革」について、どのように捉えたらいいのか、具体的にどのように対応していけばいいかの相談を受けることも増えてきました。

しかし、私たち人事コンサルタントからすると、みなさん「働き方改革」というものの本質や内容をよく知らないまま、言葉だけが独り歩きして、右往左往しているように思えてなりません。

「働き方改革」。確かに美しい響きなのですが、「働き方」とは何を指すのか、その働き方の「何」を改革して、その後に「見えてくるもの」「見たいもの」「目指すもの」は何なのかについて、取り組む前に明確にしておかなければなりません。なぜなら、これらが明確にされていないのに、全社的な取り組みが成功するはずがないからです。

洪水のようにあふれる「働き方改革」の情報を整理して、経営者や人事総務担当者の方々の理解を助けたい。これが本書執筆にいたった経緯です。

我が国には世界に対して胸を張れる優れた生産技術力があります。加えて、多くの労働者は勤勉で、生活の大半を仕事に割くことに違和感を持ちませんでした。すべてではないでしょうが、これらが戦後から昭和の末期にかけて日本経済が大発展を遂げ、国際的にも独り勝ちの様相となっていった要因であることは間違いありません。

残念ながら、この右肩上がりの経済発展は結果としてバブルを生み出し、景気は大打撃を受けることになりました。今度は長期にわたる景気低迷に悩むことになります。デフレ期間が続き、当然ながら賃金は上がらず、上場企業の倒産さえ目にするようになりました。

技術力を誇っていた日本の個別生産性は、いつの間にか「先進国中、最下位」とまで言われる始末です。生産性が低いことに比例して時間外労働は減少の兆しを見せず、今や〝karoshi（過労死）〟は英語辞書に載るほど世界で知られるようになりました。それでも日本では過労自殺などが増加して社会問題となっています。

さらに正社員に対して、短時間労働を常とする社員や派遣社員、あるいは60歳到達後の再雇用者など、非正規社員として働く人々の比率が増えています。日本人の勤勉性が良い方向に向かわず、諸外国やＩＬＯ（国際労働機関）などからは長時間労働や非正規社員の増加について批判を浴びる始末です。

このような状況を打開すべく、政府は「働き方改革」を国策として、本腰を入れて会議を設置したところです。その一部は既存の労働法規の改正を伴い、今後各企業に影響を及ぼすことになりました。

この「働き方改革」のすべてを政府からの指導だからと仕方なく法律通りに導入するという視点でとらえると、経営としては辛いものです。自社の「働き方改革」の目的を明確にしないと、やり方によっては会社の利益を縮小させることになりかねません。必然的に経営トップや諸部門長の承認を得られず、改革が立ち往生するといったことも考えられます。

本書では、現時点で明らかになっている情報をもとに、政府として「働き方改革」に取り組んでいる背景の説明、企業が実際に「働き方改革」に取り組む際の様々なポイント、障壁となること、今から取り組んでおきたい具体的な施策のヒントを記載しています。

「働き方改革」は、一過性のブームではなく、日本全体の成長力回復、個々の企業の発展、そして企業などで働くすべての労働者の幸せのために、これから何年もの時間をかけて行っていく取り組みです。

現時点では、法改正の内容など、今後の国会での審議次第で明らかではない部分や実際の運用面で予想できない問題も多々あります。また、執筆にあたって、多岐にわたる「働き方改革」の内容について網羅できていない部分もあるかと思いますが、現段階から心がけていただきたい点、少しでも実行に移していただくと実際の運用がスムーズになる点を可能なかぎり盛り込んでみました。

ぜひ御社で今後、「働き方改革」を導入する際の一助としていただければ幸いです。

目次

はじめに……2

第1章 「働き方改革」の現状を考える

1 なぜ今、「働き方改革」が叫ばれるのか……12
2 こんな「働き方改革」への対応はNG!……19
3 「働き方改革」が「働かない改革」になってはいけない……24
4 拙速な「働き方改革」は、中間管理職のさらなる負担増につながる……30
5 「働き方改革」の目的に沿って、自社の現状分析を行うのが重要……35
6 社員の自己中心的な発想を助長するのは「働き方改革」ではない……40

第2章 過重労働をなくすためにやるべきこと

1 慢性化している「できる社員への仕事の集中」にさらに拍車がかかる？ …… 48
2 過重労働問題は経営リスクとなる時代 …… 53
3 残業削減だけを前面に出す改革は失敗する …… 59
4 時間外労働の削減は、業務の一環として実施する …… 63
5 必要な残業はやらせなくてはならない …… 67

第3章 「働き方改革」実現に必要な企業風土づくり

1 「制約のない働き方」が評価される背景にある根強い意識 …… 72
2 役割分担意識の変化が「働き方改革」の推進につながる …… 78
3 役割分担意識（社内身分）はハラスメントの要因になる …… 81

4　コミュニケーションとパワーハラスメント……85
5　「時間外労働削減」の成功要因は、時間を大切にする風土づくり……90
6　時間や場所の制約がある社員でも、活躍できる会社が発展する……94

第4章　ダイバーシティと「働き方改革」

1　ダイバーシティは、全従業員の活躍宣言……100
2　育児・介護休業制度の利用を特別扱いしない……108
3　育児・介護の制約社員を活躍させるには……113
4　シニア（高齢者）社員に活躍してもらうには……119
5　非正規雇用社員の「働き方改革」①2018年問題への対応……125
6　非正規雇用社員の「働き方改革」②「同一労働同一賃金」の問題……136
7　テレワーク導入の留意点……143
8　外国人従業員が活躍できる会社に……152

9 副業・兼業解禁の留意点 …… 157

第5章 企業業績に貢献する「働き方改革」を目指す

1 「働き方改革」で目指すべきは、会社の業績の向上と社員が健康で充実した時間を過ごすこと …… 168
2 「働き方改革」導入における、経営トップ、人事、部署の中間管理職、それぞれの役割 …… 173
3 「働き方改革」を業績向上に結びつけるためのステップと注意事項 …… 178
4 「働き方改革」具体的な取り組み事項 …… 186
5 やりすぎ、考えすぎの「働き方改革」を防止 …… 192
6 知的情報の共有と「働き方改革」 …… 196
7 「日本型新裁量労働制」の行方と対応 …… 201
8 健康経営を目指す …… 205

おわりに……211
付録　あなたの会社の「働き方改革」チェックリスト……221

ブックデザイン　中西啓一（panix）
本文DTP・図表制作　横内俊彦

第1章

「働き方改革」の現状を考える

1 なぜ今、「働き方改革」が叫ばれるのか

日本経済の持続的な成長エンジンとしての期待

「働き方改革」。ビジネスパーソンなら、今やこの言葉を知らない人はいないでしょう。

国の政策や企業経営において、事業そのものやお金に関すること以外、特に「人」に関することがここまで注目されているのは過去になかったことです。

若干言葉が独り歩きしている感のある「働き方改革」ですが、内閣が2016年に打ち出した「日本再興戦略」において、日本経済の今後の成長戦略の課題として第4

次産業革命が掲げられ、そのためにイノベーションの創出や生産性革命が必要であるとの認識が示されています。日本経済がこれからも持続して成長しつづけるためには、この「働き方改革」は必要不可欠な施策です。

働き方改革が求められる背景とは

働き方改革は政府の政策として主導されているものですが、その背景として次のような日本の社会環境の変化が挙げられます。

①労働力人口の減少

一つ目は、労働力人口の減少です。日本で少子高齢化が進んでいると言われて久しいですが、いよいよ現実社会においてこの影響が出始めています。

国立社会保障・人口問題研究所の2012年（平成24年）1月推計によると、日本の人口は2015年に1億2660万人のところが、2030年には1億1662万人、2040年には1億728万人、2050年には9708万人、2060年には

8674万人と推計され、減少の一途をたどることが予想されています。

さらに、このうち15歳から64歳までのいわゆる「労働力人口」については、2015年に7682万人だったのが、2060年には4418万人とほぼ半減します。反対に高齢化は進み、65歳以上の割合は、2015年には約27%だったものが、2060年には約40%になると推計されています。

このように、日本においては、人口減少と高齢化が同時に進む社会が現実のものとなり、サービス業に見られるように、人手不足の状況はすでに事業活動に影響を及ぼしつつあります。会社に言われれば、「いつでも・どこでも・どんな仕事でも」働く若手男性社員だけを頼りにした従来の雇用モデルは通用しなくなっていることを改めて肝に銘じなければなりません。

②時間外労働を頼りにした事業モデルからの脱却

人口の減少かつ高齢化が進むとなれば、これまでのように「時間外労働（残業）ありき」の事業モデルでは、人材確保が難しくなることは言うまでもありません。

さらに、働き手側の就業意識は変化しており、企業側の論理で働くことを良しとしない若年層が増えていることを忘れてはなりません。

また、貴重な働き手である女性にとって、子育てと仕事を両立させようとすると、時間外労働ありきの働き方は難しくなり、結果、いくら優秀な人材であってもパートタイマーなどの非正規雇用者の地位に甘んじることとなります。これが非正規雇用者の問題にもつながります。

③グローバル化

グローバル化が進むにつれ、外国人に国内企業において活躍してもらうことも重要な課題となってきました。

終身雇用と引き換えに滅私奉公的に働くといった昔ながらの日本型雇用システムでは、企業に執着せず自分のキャリア開発とキャリアに見合った待遇を求める外国人との溝が埋まらず、優秀な外国人ほど定着しないといった課題があります。

働き方改革で取り上げられる「9つのテーマ」

政府は、2016年（平成28年）9月から「働き方改革実現会議」を開催し、働き方改革を実現するための実行計画について審議していました。この会議では、次の9つのテーマを取り上げて議論していましたが、成果物として2017年3月に「働き方改革実行計画」が発表されました。

9のテーマのうち、特に③の「長時間労働の是正」については、いずれの企業においても喫緊《きっきん》の課題として注視されています。また、①の「同一労働同一賃金」については、非正規雇用者問題から法整備の動向が気になるところです。

①同一労働同一賃金など非正規社員の処遇改善
②賃金引上げと労働生産性の向上
③時間外労働の上限規制のあり方など長時間労働の是正
④雇用吸収力の高い産業への転職・再就職支援、人材育成、格差を固定化させな

い教育
⑤テレワーク、副業・兼業といった柔軟な働き方
⑥働き方に中立的な税・社会保障制度など女性・若者が活躍しやすい環境整備
⑦高齢者の就業促進
⑧病気の治療や子育て・介護と仕事の両立
⑨外国人材の受け入れ

国が実現したいことと企業が実現したいこと

政府の働き方改革実行計画によると、改革の実現により目指すものは「処遇の改善（賃金など）」「制約の克服（時間・場所など）」「キャリアの構築」とされています。言い換えると、国が課題としていることを改善するものです。

一方、企業側の立場でみると、目的は企業の継続的な発展であり、課題は人材の確保と生産性の向上に集約されます。課題を克服するための検討事項として、長時間労働の抑制や制約のある人材の活躍など、９つのテーマを取り組み事項として検討する

ことになります。

国も企業も目指すところは、最終的に日本経済の持続可能な発展であることに間違いはありませんが、アプローチの仕方は違うようです。

POINT

「働き方改革」は日本経済の持続的成長の推進剤となるべく、政府の重要な施策として進められている。

2

こんな「働き方改革」への対応はNG!

上からの残業抑制は〝隠れ債務〟を増やすだけ

「働き方改革」の具体的な取り組みとしては、2015年に起こった電通社員の過労自殺事件のこともあり、長時間労働の抑制策が中心となって行われています。

若年層を中心に就業意識が変化しており、残業時間の長さは就職・転職先を選ぶ際の重要な要素の一つになっています。人手不足によって人材確保が困難になる中、同業他社との採用競争においても、企業は時間外労働の抑制策を講じざるを得ない状況にあります。

しかし、残業が発生する要因の追求や具体的な改善施策への取り組みがない、上からの「残業抑制」は新たな隠れ債務（未払残業リスク）を発生させることになります（図表1）。

局所的な意識改革による残業削減は形骸化しやすい

労働時間の削減にどの程度効果があるのか疑問ではありますが、2017年2月より、一部の大手企業を中心に「プレミアムフライデー」が導入されています。毎月最終金曜日には15時の終業を促すという取り組みです。

これはもともと「日本再興戦略2016年」の「官民戦略プロジェクト10」の一環として、「柔軟な働き方を推進する」という目的のもと、官民合同で導入するとされていたものです。

これまでも「ノー残業デー」など、企業により名称は様々ですが、同様の制度を多くの企業が導入・実施してきました。

定時に退社する、特定の時間までに退社するなど、従業員個人の意識の持ち方が大

図表1　やってはいけない「働き方改革」への対応

☑ 残業要因の追究や具体的な改善施策に取り組むことなく、「残業をするな」「残業抑制」「36協定の遵守を徹底」「ムダ取り」「仕事ダイエット」などをスローガン化する。

このようなやり方をすると、職場では……　⬇

- ●「残業を申告しにくい、申告できない雰囲気や圧力を感じる」
- ●「人事評価が悪くなりそう、上司ににらまれそう」

となり、その結果……　⬇

- ●申請せずに残業する、持ち帰り残業にする
- ●実際の残業時間よりも短めに申告する
- ●36協定の月限度時間の範囲内になるよう調整して申告する

⬇

新たな隠れ債務（未払残業代リスク）が生じる

法定帳簿である「出勤簿」や「勤務管理表」の労働時間と実際の労働時間との「乖離時間」が新たに生じる。

会社に対する閉塞感や不平不満から、転職予備軍が増加する。

業務遂行レベルや業務品質の低下につながる。

図表2　ノー残業デー等の導入効果

メリット	デメリット
●その日の残業は減少 ●その日の終業時刻は意識する ●終業時刻を意識した働き方の定着（○時までに終わらせる等） ●定着化すればメリハリのある集中力を活用した仕事の仕方に	●前後の日は残業または残業増に（総残業時間はほとんど変更なし） ●その日は途中で仕事を止めるだけ（効率化に寄与していない） ●形骸化しやすい（継続的な注意喚起が必要）

目的を明確にして「時間の生産性向上」を全社目標に

その上で、具体的な施策としてノー残業デーなどを導入

きく影響する労働時間削減策には限界があります。その特定の日については確かに残業が少なくなる効果があるでしょう。また、「終業時刻を意識する」ということについても一定の効果はあります。

しかし、特定の日を意識させるだけでは多くを期待できません。「いつも効率を考え、集中して仕事をする」という風土を醸成するには、このような局所的な意識改革策では限界があります。

また、特に「ノー残業デー」のような施策は、導入から一定期間は全社的な取り組みとして早帰りが徹底されますが、導入から日が経つにつれ企業側から注意喚起しなくなると、従業員側も「どうしても今日は

定時に退社する」という意識が希薄になります。このようにして形骸化していくのです。

図表2はノー残業デーなどの効果的な導入を示したものです。

POINT

形式的な「残業抑制」は形骸化し、効果を生まない。「残業抑制」の目的を明確化し、その上で目標を定めて具体的施策を講じるべき。

3

「働き方改革」が「働かない改革」になってはいけない

「働き方改革」とは早く帰ること?

長時間労働の抑制や労働時間の短縮を掲げる「働き方改革」の趣旨は、同じ仕事量で労働時間を削減すること、すなわち「生産性を上げる」ことにあります。

ところが、本来の目的が忘れられ、早く帰ることだけが独り歩きしているケースがあります。これでは企業の活力が失われてしまいます。

ノー残業デーの日は、途中で仕事を終えてしまうだけ

「働き方改革」により、形骸化していた「ノー残業デー」が再度スポットライトを浴び、いずれの企業でも、改めてその日は定時退社の徹底が図られているようです。

ノー残業デーの日は、みんなが定時退社を目指して仕事をするわけですが、最初のうちは、誰もが定時までになるべく多くの仕事を終わらせようとします。

ところが日を追うごとに、「とりあえずノー残業デーの日だけは定時退社すればいいか」といった具合になってくるのです。定時退社を目指して、なるべく多くの仕事を集中してやることは、集中力・緊張感など精神的にかなり負担がかかることはわかります。しかし、同じやり方、同じペースで仕事をしていたら、ノー残業デーのつけは他の日に移るだけです。

「なるべく多くの仕事を定時までに」が、いつの間にか「仕事が途中でも、定時に帰ればよい」となっては、意識改革といった観点でもまったく意味がありません。

全館一斉消灯はやるべき仕事が先送りになるだけ

社員を定時に帰らせるためによく行われている方法として、一定時刻になると全館消灯するなどして、強制的に労働時間を削減するというものがあります。この他、オーナー社長の肝いり施策、経営陣からの重点施策として定時退社を指示されると、社員の多くは何とかして定時退社を死守しようと頑張ります。

そして、時間外労働の時間数が削減され、業績の悪化も特段見られないとなると、経営陣は「うちの会社もやれば効率的に仕事ができるじゃないか」と自社の「働き方改革」がうまく行っているように錯覚してしまいます。

しかし、責任感の強い社員や社外対応が必要な仕事を担当する社員の場合、あふれた仕事が持ち帰り残業になるという危険があります。反対に、社内向けの仕事を担当している部署や企画部門などの社員は、ノー残業デーの理屈と一緒で、短時間に密度濃く仕事をすることを避け、意図的ではないにせよ、段々と仕事を先送りにする可能性があります。

優先順位のトップが「早く帰ること」になってしまうようでは、最悪の「働き方改革」です。

大切なお客様対応の仕事も先送り

社内のみに関係する仕事が先送りになっている分にはまだよいのですが、人によりお客様への対応も同じように考えてしまう場合があるので要注意です。終業時刻間際にお客様から「注文内容の変更が可能かどうか、回答が欲しい」といったメールが送られてきたとします。「至急」という文言がないので返信は次の日に回していいのかといった問題です。このような連絡にはこれまで当日中に必ず返信していたとすれば、最近レスポンスが遅くなったとお客様に思われてしまいます。

社外の人が絡む仕事の場合は、定時退社の徹底やノー残業デーの仕事の仕方について、事前に会社側で優先順位の判断基準を決めてから、管理職および一般社員に通達するべきです。個人の判断に任せてしまうと、後で取り返しのつかないことが起こる可能性があります。

自分や自部署がやらない仕事を他人に押しつけるだけ

時間外労働の原因を追究する際に、「やらなくていい仕事がないか」といった観点で考えることがあります。本来の意図は「必要のない仕事をしていないか」ということですが、これをはき違えて、自分または自分の部署がやらなくてもいい仕事としてとらえる人がいます。これでは全社的な時間外労働の問題はまったく改善されません。また、自分の仕事をパートタイマーなどの非正規社員に分担させるといったことも、仕事の内容によっては有効でしょうが、その前にその仕事の必要性や見直しすべき点について精査をすることが重要です。

管理部門の社内締め切り時間の繰上げ

管理部門は、事業部門への配慮から提出期限を過ぎた書類を受けつけることが往々にしてあります。そして、これが時間外労働の原因になることもよくあります。だからといって、自部門の業務フローややり方を見直すことなく、提出期限だけを前倒しにすることは根本的な解決策になりません。

POINT

「働き方改革」の本来の目的は「生産性の向上」。形式的な時間外労働の禁止は、かえって逆効果になる。

4

拙速な「働き方改革」は、中間管理職のさらなる負担増につながる

早急な改革のしわ寄せは誰が負う？

どの企業でも「働き方改革」の重要取り組み事項として「長時間労働の抑制や労働時間の短縮」を掲げています。

しかし、きちんと現状分析や長時間労働の原因まで掘り下げず、結果だけを早急に求めようとすると、ただ「残業をするな」となってしまいます。そして、当然のことながら、一方では「売上を落とすな」「利益は確保せよ」と言われます。

では、このしわ寄せは最終的に誰に来るのか……。読者のみなさまはすでにわかっ

ているはずです。それは〝中間管理職〟です。

現場丸投げの改革は、中間管理職の負担を増やすだけ

「働き方改革」が注目される前から、時間外労働削減の課題はどの企業にもありました。時間外労働が発生する原因を解消することなく、表面的な数字を削減するとなると、そのしわ寄せはプレイングマネージャーである課長クラスが一手に引き受けていたはずです。

課長クラスに代表される中間管理職は、これまでもリーマン・ショック後の人員調整の際にもあったように、残った人員で業務を終わらせるために、自らが長時間労働することにより業務を何とか回していました。そして現在の人手不足の状態に、「働き方改革」による時間外労働の削減や目標数値が決められるとなれば、部下に頼った業務遂行はできず、結局自分で仕事を引き取ってプレイヤーとして業務を遂行することになりかねません。

中間管理職に頼り切った現場運営はもう限界

会社方針による指示事項については、経営層から部長クラスへ、部長から課長へ、といった具合に指揮命令系統に従い指示されます。

部長クラスから課長クラスへの指示の段階になると、目的、目指すべきゴール、その期限についての具体的な指示はあるものの、やり方や進め方については、「君に任せた」などと一見信頼して任せているように見えて、実は〝丸投げしているだけ〟といったことがよくあります。そのうえ、途中でアドバイスやサポートをせず、進捗や結果だけは厳しく追及してくるなど、課長にとっては「我慢も限界」といった具合です。

確かに、自分で工夫しながら部署や部下をまとめて、やるべき施策をやり遂げるといったことは、管理職にとって貴重な経験であり、自信にもつながります。

しかし、それは、後ろに何かあれば支援してくれる上司がいるから安心して取り組めることです。「誰にも頼れない、誰にも相談できない」といった状況下で、手っ取り早く結果を出さなければならないとなれば、「経験のない・手際の悪い部下に頼むよりは自分で対応したほうが早い」といった感情に流され、これまで以上にプレイヤーの比重が高くなり、結果、長時間労働を招くことになります。

一昔前に比べて情報・通信技術が格段に発達した現在は、時間に対する労働密度が高くなっていること、就業意識や世代間の価値観ギャップの拡大もあり、若年層と意思疎通がはかりにくいなど、中間管理職は心身ともに負担のかかるポジションとなっています。今でさえ、管理職になりたくないといった若年層がいるわけですから、これ以上、彼らにプレイヤーとしての業務を負荷することは、限界ではないでしょうか。

取り組むべき事項は明確にしてからバトンタッチ

会社や「働き方改革」の専門部署が先頭に立ち、全社・部門別・業務別の課題を明確にして、組織ごとの改善方針や対策の目途をつけ、各職場単位で取り組む段階になってから中間管理職にバトンタッチするべきです。

この場合でも、部長クラスなどの部門長は、傘下組織の課題や改善策を把握し、具体的な施策の実施について課長クラスの相談に乗ったり、必要に応じてアドバイスをするなど、部門全体で進めるようにしましょう。

POINT

軽率な「働き方改革」導入のしわ寄せは、中間管理職に来る。経営陣は〝丸投げ〟ではなく、きちんとした方針を先に出すべき。

5 「働き方改革」の目的に沿って、自社の現状分析を行うのが重要

「働き方改革」の目的を明確にする

少子高齢化と人口減少が進む中で、ＡＩ（人口知能）の発達・普及による人余りが予想されます。それが実際いつごろになるのかは不明ですが、しばらくは人手不足の状態が続くものと思われます。これからは企業の規模を問わず、人が採用しづらくなることは間違いのないところでしょう。誰も入社しなければ会社は高齢化し、いずれ働き手がいなくなります。

もし、現在の自社の実態が、社員の時間外労働頼み、または時間外労働ありきで社

員が仕事をしているような場合、特に月の時間外労働が80時間を超える社員が一定数いるような場合、社員の高齢化が進めば、体力的にいつまでも同じ状態で業務を続けることはできなくなります。

すべての企業にあてはまる「働き方改革」の目的は、人口減少に伴う採用難、自社の従業員が高齢化により減少しても、事業の規模を維持して発展しつづけるために、今のうちから必要な準備をしておこうというものです。なお、基本路線は生産性の向上にあり、「生産性を向上させるために何をするか」を軸に考えるべきです。

各企業により雇用形態や人事コースの種類、年齢や性別を含めた人員構成などが異なるわけですから、必要な準備は当然ながら各社各様となります。

現状分析により自社の課題を整理し、働き方改革の目的、具体策、目指すべきゴールを明確にすることができます。

何を現状分析したらよいか

図表3は、現状分析において、「時間外労働」「人事コース」を例にしてポイントを

図表3　環境調査の項目

①時間外労働の実態

個人別	特定の人が恒常的に月45時間以上、60時間以上となっている →勤務時間に制約のある従業員や子育て中の従業員の活躍を阻害する要因がある →時間外労働の要因を特定し、要因の解消策を実施する ●帰りにくい雰囲気の有無　●管理職のマネジメント不足 ●個人の特性　●業務分担の偏り　など →コンプライアンス的に問題（労働基準監督署の調査で是正勧告を受ける可能性あり）がある
職場単位	特定の人が恒常的に時間外労働を行っている →勤務時間に制約のある従業員や子育て中の従業員の活躍を阻害する要因がある →時間外労働の要因を特定し、要因の解消策を実施する ●時間外労働に頼った業務体制　●帰りにくい雰囲気の有無 ●管理職のマネジメント不足　●個人の特性　など
時間数	恒常的に月45時間以上の人がいる、60時間以上の人も一定数いる →コンプライアンス的に問題（労働基準監督署の調査で是正勧告、安全配慮義務違反が問われる可能性あり）がある →時間外労働ありきの業務運営になっている可能性がある

②人事コースの実態

無制約社員の実態	職務内容、勤務場所、時間外労働について、制約のない職群。 事業の基幹的職種として業務に従事し、待遇面では最も優遇されている。この職群が中心となって会社の業務を回している（今後は、人材確保が最も難しくなるグループ） →この職群だけ時間外労働が多い場合は、採用難に備えて業務フロー等の見直しによる効率化を進める →この職群だけ時間外労働が多い場合は、女性活躍や勤務時間に制約のある阻害要因になる
制約社員の実態、育児介護制度の利用者の実態	職務内容、勤務場所が限定されている職群。 →主に定型的・補助的業務に従事している場合は、無制約社員の採用難に備えて、職域の拡大を進める →時間の制約がある者、育児短時間勤務者等について、時間内の仕事の評価が適正に行われるようにする
再雇用社員の実態	定年前と同じ職責で働いているにもかかわらず、定年前給与から一定率低下している →職責に応じた給与と評価による賞与で活躍推進を図る

まとめたものです。

「働き方改革」による効果で何をしたいのか

会社の目的は、「事業の維持発展のための生産性向上」です。しかし、これは経営陣には響く言葉ですが、社員は「生産性の向上」があまりにも全面に出てくると前向きに動いてくれないかもしれません。

社員の立場で考えてみると、社員は何らかの形で生産性向上を達成した後、「自分たちに何が待っているのか、何がもたらされるのか」に関心があるのです。

時間の生産性を上げるとなれば、業務の進め方や仕組みの見直しをするなど、仕事をしながら別のエネルギーを使わなければならないわけです。また、これまで通りのやり方で仕事をしていれば時間外手当がもらえたところ、いろいろ工夫して業務の効率化を進めれば時間外手当が減ってしまいます。要は苦労したのに前よりも給与が減ってしまうわけで、残業代を稼ぐことが目的化している、いわゆる「生活残業」になっている社員であればなおのこと、前向きに取り組んでくれるはずがありません。

生産性向上により労働時間が短縮し、会社の利益が増えたとなれば、その果実が社員に還元されるような仕組みを取り入れないと、「働き方改革」はうまく行くはずがありません。生産性の向上が評価制度により評価され、具体的に賃金で報いられる仕組みが必要です。

そして、社員へのメッセージとしては、「『働き方改革』による時間の効果を何に使うのか」を明確にすることも重要です。会社の未来、さらなる改善に時間を使いたいものです。

POINT

経営者は自社の現状分析を行い、会社として「働き方改革」の具体的な目標を示すべきである。

6

社員の自己中心的な発想を助長するのは「働き方改革」ではない

新制度導入時につきものの現象とは……

せっかく企業が善意で「働き方改革」を推進し始めても、非常に自己中心的な発想で会社に要求をする社員が一定の割合で必ず出てくるものです。過去のあらゆる改革問題でもそうでした。

例を挙げれば、「セクシュアル・ハラスメント」「個人情報保護規定」「メンタルヘルスケア」などが社会問題として取り上げられたとき、会社は組織としてこれらを捉えることが必要であるにもかかわらず、一部の社員はさっそく自分のことに置き換えて、自分の権利や会社に請求できることは何か、あるいは働かなくても賃金が得られる方法を黙々と模索したのです。

「働き方改革」とは、会社全体の働き方を見直し、全社の生産性を上げることに、本来の意味があります。今度こそは個々人の自己中心的な発想は後回しにしたいものです。

プレミアムフライデーは権利ではなくシステムである

国や自治体、及び一部の民間企業では早くも「プレミアムフライデー」が導入されています。

プレミアムフライデーとは、一般的には各月の最終金曜日の終業を午後3時とするものです。実施企業はまだわずかですが、この制度から生まれる新たな需要を狙って、午後3時から開業する居酒屋や3時過ぎに目玉映画を上映する映画館も出現したとのことです。

しかしながら、このときに2ウェイシフトを敷いて労働時間にズレを持たせている会社で問題が起こりました。その会社では、9時に出社するグループと9時30分までに出社するグループとに分かれており、当然、それぞれの終業時間も5時30分と6時ちょうどに分かれていたのですが、5時30分まで勤務予定だった社員が自分は6時まで勤務予定の社員よりも不利であると言い出したのです。つまり、6時終業予定のグループであれば3時間も早めに帰宅できるのに、5時30分終業の自分のグループは2時間30分早くなるだけであるというわけです。

しかし、これは正しいようで間違った理解だと言わざるをえません。

国や自治体が提案したのは、あくまでも午後3時に帰るシステムの導入であって、3時間早く帰るシステムではないのです。メーカーの生産部門のように8時出社のところもあるでしょうし、サービス業のように10時出社の会社もあるでしょうが、プレミアムフライデーとは、「とにかく最終金曜日は3時に仕事を切り上げるシステムを導入しませんか」という提案なのです。日本以外の先進国が導入している「サマータイム」などと同様の発想です。

また、「子供の授業参観が次の金曜日なのでプレミアムフライデーは通常通りに勤務するので1週間ずらしてとってもよいか」という質問もありました。これらは一定の時間早く帰る権利ではなく、特定の日に3時に終了するというシステムなのです。

「働き方改革」は個人の権利の増大だけであってはならない

有給休暇の取得促進も働き方改革の重要な課題です。我が国は残念ながら有給休暇の取得率が低いと言われていますが、その代わりではないでしょうが、国民の祝日は世界一多いと言われています。海外勤務などの場合には国民の祝日が減少する分をインセンティブに加算しなければならないくらいです。

しかしながら、有給休暇取得日数を含めた年間の休日日数は先進国では多いとは言えないところです。有給休暇も十分に取得できている社員とほとんど取らない社員とに二極化する傾向にあります。もともと十分に取れていた社員がさらに取得促進をする必要はなく、今回の施策のように年間取得日数が5日以内の社員について、その取得時期までも指定して一定日数の取得を促し、夏休みなどを指定して取得を促進することはとても有効です。

仕事のやり方を改善するなどして生産性を向上させるからこそ、早く帰ることができ、年休取得といった権利を使いやすくなるのです。仕事の仕方を一切工夫することなく、「これ以上は仕事をしません」といったスタンスであっても「働き方改革」による果実のみを得ることがないよう取り組みたいものです。

「働き方改革」とは現状の休暇制度に労働者の権利を大幅に加えるものではないことを理解しておく必要があります。

働かないことが良いことではない

電通事件など多数の事件の発生を受けて、現状の働き方改革は「なるべく働かない制度の創設」となってしまう傾向にあります。

しかし、これはあきらかに誤りです。改革は〝働き方〟そのものに特化されるべきであり、働く質を変えずに働く量のみを少なくする方向に偏ってしまえば、日本の産業全体に悪影響が出ることは明白です。

日本人の多くがこれまで働きすぎであったことは事実です。このことを原因とした事故も多発しました。しかし、働くこと自体が諸悪の根源なのではありません。今回の〈働き方〉改革関連の法整備の流れが、労働そのものを過度に否定する傾向にあることに一抹の不安を持っています。

POINT

「働き方改革」は、働き方の見直しで生産を向上させることが目的。個人の権利を過度に拡大するものではない。

第　2　章

過重労働をなくすためにやるべきこと

1

慢性化している「できる社員への仕事の集中」にさらに拍車がかかる？

「働き方改革」で集中に拍車がかかる？

「働き方改革」が注目されるようになってから、多くの企業では時間外労働の抑制に取り組んでいます。

抑制は、自社の時間外労働の実態を把握するところから始まります。個人別、部署別などで時間外労働の実態を確認すると、特定の人の時間外労働が多いことが多くの企業で顕著に認められます。

クライアント企業の長時間労働改善に取り組む場合、現状を把握するために、多くの企業で「アンケート」なるものを実施します。その項目のなかに必ず「時間外労働が多い原因は何だと思いますか」という類の質問を入れます。すると、この質問に対しては「業務分担に偏りがある」「仕事が人についている」という回答が必ずあります。この「業務分担に偏りがある」原因を掘り下げていくと、「できる社員に仕事が集中している」という実態がわかってきます。

そして、この「できる社員への集中化」は、全国的に時間外労働抑制モードに入っている昨今、さらに拍車がかかっているようです。頼んだ仕事で時間外労働が増え、出来栄えが今一つとなれば、できる社員に仕事が集中せざるを得ないというわけです。

業務分担の偏りが発生する理由

特定社員へ仕事が集中する原因として、次のような理由が考えられます。

①頼みやすい人に仕事が集中する

「余暇時間をなるべく取りたい」「残業はなるべくしたくない」という風潮が強い昨

今では、現在の担当範囲以外の仕事を頼まれることに対して、過敏に反応して拒否反応を示す社員が一定数いるようです。

職場内でのコミュニケーションで衝突を避けたがる上司でなくても、やはり快く引き受けてくれる部下につい頼んでしまう気持ちは理解できます。また、快く引き受けてくれる人が仕事のできる人であれば、人の心理としてなおさら頼みたくなるのも無理はありません。

しかし、このような状態が続けば続くほど特定の社員に仕事が集中して、その社員の時間外労働は恒常的に長時間化します。最悪の場合、メンタルヘルス不調に陥るケースもあるのです。

部下の育成を考え、仕事を割り振ることは管理職の本来の仕事です。依頼する社員に仕事の目的や期待される成果を伝えて遂行方法などについて指導することを怠り、自分にとって楽な方法で仕事をさばこうとすると、このようなことが起こりがちです。

②育児や介護などで制約のある社員のカバーをいつも同じ社員に頼む

育児や介護をしている社員の仕事のカバーをする人が、特定の社員に偏る傾向があります。たとえば、病気になった子供を保育園に迎えに行くために早退しなければならなくなった社員に、その日が締め切りである仕事があれば、誰かが代わりに対応しなければなりません。

通常は同じ業務や同じ取引先を担当している社員がカバーに入りますが、「私は自分の仕事で手一杯です。何で私なのですか」などと言われると上司としては頼みづらくなり、①と同じように頼みやすい人に頼むことになってしまうのです。そして、一度その人に頼むと、いつの間にかカバーするのは毎回〝その社員〟ということになり、周囲も何かあればその社員が担当するものだと勝手に決めつけるようになります。

③期限まで時間がなく、業務経験の豊富な社員に仕事を依頼する

①の「頼みやすい人に仕事が集中する」と似ている事象ですが、仕事の納期などの関係から、業務の未経験者ではなく、経験者に仕事を依頼することもよくあります。

仕事は生き物ですから、よくあるパターンの仕事が、いつの間にかレアケースな仕事に変わっていくことはあります。こうなると、その特定の仕事ができる人が限られ、悪く言えば仕事を抱え込んだり、ブラックボックス化することになりかねません。

こうなると、まさに「仕事が人につく」状態に陥り、「この人にしか、この仕事はわからない」という状態ができ上がってしまうのです。

このような見えない仕事は、現在のやり方が非効率なのか否かがわかりにくく、業務時間の短縮や業務改善の障壁になることがよくあります。さらにベテラン社員がこのような仕事を担っていることが多いことも、改善が進まない要因の一つです。これは不正防止の観点からも見直すべき事項です。

POINT

「働き方改革」の結果、特定社員への仕事の集中に、さらに拍車がかかる可能性がある。

2 過重労働問題は経営リスクとなる時代

長時間労働はさまざまな労務リスクの顕在化要因

昨今の労働問題における様々な事件で、メディアやネットなどで当該企業が「ブラック企業」と名指しされることがありますが、その原因の多くは、長時間労働であると言えます。

数年前に問題化したファストフード店の店長は、自分はいわゆる「名ばかり管理職」であるとして、会社に対して時間外労働割増賃金の請求を行いました。仮に経営者の意に反して「名ばかり管理職」であると認められるケースであっても、長時間労働が存在しなければ請求される理由はないのです。

昨今では、精神疾患者の発病原因のトップに過大な時間外労働が挙げられています。時間外労働による数々の過労死事件も、そもそも長時間労働が原因であるとすれば、解決策はおのずと見えてくるものです。

さらには実際に労働者が自殺するなどの事件が起き、背景に過重労働などの事実が少しでもあれば、ことごとく「ブラック企業」と認識されます。過重労働は決して許されるものではありません。一時代前との一番の相違は、「社員の労働時間が長いことは大問題である」という点です。

長時間労働はそれ自体ももちろん問題ですが、注意しなければならないことは、これを背景に過労死や過労自殺、精神疾患の労災問題、パワハラ問題へ発展するということです。長時間労働は、労務リスクの顕在化要因と言えます。

「ブラック企業」のレッテルが貼られることによる影響

「ブラック企業」と呼ばれて、企業にとってよいことはなに一つありません。社会的

図表4　ブラック企業の指標とされるもの

- **長時間労働**
- **未払い残業**
- **セクハラ、パワハラ、マタハラ**
- **職場のいじめ**
- **コンプライアンス違反**

信用は失墜するでしょうし、採用活動への影響、優秀な人材の流失もあり得ます。

また、風評被害により商品が売れない、来店客が減るなど、事業活動への影響も懸念されます。

なによりも会社の健全な発展を阻害する要因にさえなり得ることを強く意識して、この言葉への対策を考慮しなければなりません。

図表4に、ブラック企業の指標とされるものを挙げておきます。

安全配慮義務違反による損害賠償請求

安全配慮義務は、労働判例において確立していた概念が、平成20年の労働契約法の成立に伴い法制化されたものです。

「使用者は、労働契約に伴い、労働者がその生命、身体等の安全を確保しつつ労働することができるよう、必要な配慮をするものとする。」（労働契約法5条　労働者の安全への配慮）

「安全配慮義務違反」は、債務不履行責任として時効が10年（民法１６７条）であること、労働者側が使用者の債務不履行を立証する責任を負わないことから、長時間労働を含む労働災害等に関する損害賠償請求では、会社の安全配慮義務違反を主張する例が増えています。

安全配慮義務の履行と法令遵守の関係

安全配慮義務は、労働契約に付随するものとされていますが、その内容については、労働者の職種や職務内容、労務提供の場所などの状況により、必要な配慮が異なるものであり、一律に決まるものではないとされています。

一方、労働者の保護や安全衛生に関する各種法令には、使用者が守るべき義務が規定されていますが、これらは最低限遵守すべき義務として定められたものであり、安全配慮義務は個別の状況により判断されるため、法令を遵守していても、安全配慮義務違反に問われる可能性があることに注意しなければなりません。

・安全配慮義務の内容は、個別の労働環境により異なる
・法令遵守していても安全配慮義務違反に問われる可能性はある
・法令遵守していなければ、安全配慮義務違反に問われる可能性は高くなる

POINT

長時間労働はそれ自体問題であるが、他の問題の顕在的要因でもある。いわゆる「ブラック企業」のレッテルを貼られないようにしたい。

3 残業削減だけを前面に出す改革は失敗する

残業を完全になくすことは不可能

電通事件をはじめ数々の過労死事件が続発したため、現在の「働き方改革」の中核テーマは残業削減になってしまっている傾向にあります。残業過多が良いわけはありません。まして過重労働となるほどの時間外労働は強く非難されるべきです。

しかしながら、時間外労働がまったくないという環境も考えられません。社員全員がほぼ毎日定時に帰宅できるということは、全体的によほど暇であろうと予想できます。

日常業務については定時に帰宅できるとしても、月次決算を作成する経理部門や、採用選考期間中の人事部門、株主総会前後の総務部門、月末や年度末の締め切り直前の営業部門では、多少の残業はつきものです。残業そのものを絶対になくす方向で物事を検討すれば必ず失敗します。

時間外労働の要因は検討すべきである

時間外労働がすべて悪いわけではないとしても、その時間外労働が本当にせざるを得ないものであったか否かの検証は必要です。

一つ目に、無意味に会議の長い会社は要注意です。そもそも会議の開始時間が終業時刻以降であっては、会議参加者全員が相当な時間外労働を強いられることとなります。「会議でも時間外手当を支給しなければなりませんか」と質問される会社は論外です。何も決めない会議、世間話ばかりの会議、とりあえず日程だけ決めた会議など、改善の余地のある会議をたくさん見てきました。会議は3人以上で30分以上費やした場合には3行でも良いので議事録を書かせるようにします。何か決定したのであればその事項も記載します。時間外労働の多い会社は無駄な会議も多いものです。時間外労働の削減はその要因調査から入るべきです。

二つ目は、時間外労働の申告制を持たない会社です。このような会社では何時まで仕事をするのかは本人が決定しています。裁量労働制などではまさに労働時間を本人が決定するのですが、これが問題です。長時間労働を咎める者がいない職場では、時として過重労働が発生しやすいものです。時間外労働の申告制を強く復活させ、上長は時には必要のない時間外労働の抑制に努めます。申告制での問題点は申告時間と実労働時間の乖離《かいり》が大幅にある場合です。行政当局もここには神経をとがらせます。実施した時間外を認めない制度や悪意を持って減少させる制度が良いわけがありません。ただし、申告制をあきらめてしまうと、時間外労働やり放題の無間《むげん》地獄に陥ります。申告制を復活することは必ず時間外労働の抑制につながるものと信じています。

三つ目は、業務量の割に本当に人が足りないケースです。退職した社員がいても補充しなかったり、絶対的な作業量が過多なのに人員手配をしないような会社も存在します。時間外労働でしか克服できない作業量を無視してはいけません。来る日も来る日も残業をしているような環境で密度の高い仕事ができるとは思えません。

適度な時間外労働とは

仕事は生き物ですから、ときには締め切り前後に多めの仕事があったり、輸送トラブルで商品が届かないなどの事故は想定されます。突然のシステム障害で業務が中断することもあります。クライアントからの緊急な依頼もあるかもしれません。これらも含めて時間外労働のすべてを悪とみなすのはあまりにもナンセンスです。すべての稼働日がこれら突発的な出来事があっても、必ず定時に終了できているとすれば、相当に業務量が少ないと言えます。

また、業界によっては月初か月末のどちらかに作業が集中することもあります。これらを想定して、適度な量の時間外労働は必ず存在すると考えるのが現実的です。

POINT

過重労働とも呼べるほどの時間外労働はあってはならないが、一方で必要最低限の適度な時間外労働まで削減しようとすることは現実的ではない。

4 時間外労働の削減は、業務の一環として実施する

現場の管理職任せの取り組みは失敗する

業務量や業務フロー、人員体制が変わらないなかで、いくら「時間外労働を削減せよ」との方針やスローガンが掲げられても、現場の管理職は途方にくれるばかりでしょう。

「何がなんでも時間外労働を削減させなければならない」となると、手をつけやすい方法としては、とにかく部下を早く帰らせ、管理職自らがプレイヤーとして業務を遂行する方法をとることが予想されます。管理職が労働基準法でいう「管理監督者」で

あれば、どんなに長時間労働であっても時間外労働の実績に表れず、企業は新たな〝隠れ長時間労働者〟を抱えることになります。責任感の強い管理職ほど、自らが犠牲となり業務を抱えこんでしまいがちです。

このような取り組みは、表面的に時間外労働が削減できたように見えます。しかし、時間外労働の原因がわからないまま、要因が解消されないままでは、時間外労働が削減された状態がいつまでも続くはずはありません。

管理職の健康と引き換えに時間外労働の削減を行っているのですから、管理職が疲れ果てたころには、時間外労働は元の水準に逆戻りといったこともよくある話です。最悪の場合、過重労働により管理職の健康障害を発生させてしまいます。

時間外の削減は業務の一環として取り組む

時間外の削減がうまく行かない理由は、これが業務外の取り組みであると捉えられていることにつきます。特に「働き方改革」について必ずしも積極的ではなく、どちらかといえばリスクマネジメント的な観点で取り組んでいる企業の場合、大概は会議の最後または業務外の連絡事項などの時間枠で、「時間外労働の削減を徹底するように」と伝えられます。

このような情報発信では、「仕事のついでにやらなければならない」というメッセージになります。これを聞いた管理職は、当然のことながら時間外労働発生の原因を探り、効果的な対策を講じようなどとは思いません。前述したように、部下を巻き込まず、簡単にできる方法に飛びつきます。なぜなら、時間外労働の削減は、自分の本来の仕事ではないと思っているからです。

本来は、進捗を確認する過程で仕事のやり方や時間配分などについて、アドバイスをすることは管理職としてごく当たり前のことです。仕事の管理、部下育成の観点から行うべきことと言えます。

仕事のやり方や時間配分などは、まさに効率的に業務を進めるためのアドバイスです。「時間外労働の削減のために」と大げさに取り組まなくても、日々の業務管理を適切に行うことで、一過性に終わらない時間労働の削減につながります。特にホワイトカラーにおいては、このような日々の積み重ねが、生産性を意識した働き方にもつながります。

生産性向上に終わりはありません。仕事をする限り、生産性の向上は継続して行われなければならないことです。業務として取り組み続けることで、社員のマインド改革にも必ず効果があります。

そして、業務やマネジメントの一環として生産性の向上を推進するとなれば、評価による確認、賃金への反映など、人事システムの見直しが必要です。

POINT

時間外労働の抑制は、管理職の業務の一環として行い、評価などにも反映しなければ、根本的な解決にならない。

5 必要な残業はやらせなくてはならない

「時間外労働＝悪」ではない

昨今の風潮から「時間外労働＝悪」といった考え方をする人が増えているように感じます。クライアントの人事担当者様からは、採用面接時において「時間外労働はどのぐらいありますか」といった質問を受けることが多くなったというお話を聞きます。また、「前職を辞めたのは、時間外労働が多く体調を崩したからです」といった補足説明をする人もいるそうです。その言葉から、「もう体調を崩すほどの時間外労働はしたくない」といった働く側の思いが伝わります。さらに、時間外労働をめぐる不幸な事件も重なり、「時間外労働＝悪」といったイメージがより色濃くなりました。

長時間労働、特に健康障害を発生するような長時間労働は絶対に許してはなりません。しかし、このことと、「今日どうしても最低限終わらせなければならない仕事があり、1時間残業します」といった時間外労働が同じテーブルで語られているように思えてなりません。今日中にお客様に提出しなければならない資料があるにもかかわらず、終業時刻だからと仕事を放棄して帰るのでしょうか。仕事の必要性や内容を無視して、時間外労働すべてを一括りにして語られている現状に疑問を感じます。

働き方改革で取り組むべき時間外労働とは

では、働き方改革で改善すべき時間外労働とは、どのようなものなのでしょうか。

具体的な改善策は、時間外労働の原因を確認してからとなりますが、職場の時間外労働の状況が次に該当するような場合は、絶対に改善の取り組みが必要です。

□いつも特定のメンバーが月60時間以上の時間外労働をしている

↓考えられる理由……仕事ができる・頼みやすいための業務量過多、仕事が遅い

□メンバー全員が恒常的に月40時間以上の時間外労働をしている

↓考えられる理由……本当に業務量過多、帰りにくい雰囲気、マイペースな雰囲気

□時間外労働の多いメンバーに担当業務がブラックボックス化している者がいる

↓考えられる理由……上司は残業申請されても残業の要否が判断できない

仕事は生き物、ときには時間外もある

時間外労働を肯定するわけではありませんが、「絶対に時間外労働をしたくありません」で本当に仕事が成り立つのでしょうか。

仕事の性質にもよりますが、ひとりで完結する仕事というものはなく、多かれ少なかれ他部門やお客様が絡んでいるものです。自分がいくら計画的に仕事を進めていても、お客様の都合や社内事情などにより計画通りに行かないことは往々にしてありま

す。その際、時間外労働が本当に必要か否かの確認は必要ですが、次の日に回せないものがあれば、時間外労働で間に合わせることが必要な場面もあるはずです。

また、遅い時間に電話やメールが来る取引先は必ずあるものですが、これまでは売上確保や取引の関係上、仕方がないものとして片づけられてきました。それが最近、社員の健康を確保するために、「平日の時間外労働や休日出勤が当たり前となるような受注は受けない」といった方針を打ち出す企業も出てきました。企業規模により難しい場合もありますが、これも企業の経営方針です。

普段は、時間をかけずに結果を出す方法を常に追い求め、「就業時間内にいかに仕事を進めるか」といった観点で仕事に取り組み、それでもどうしても必要な仕事があれば、「必要最小限の時間外労働で間に合わせる」といったメリハリのある仕事環境にしたいものです。

POINT

「時間外労働＝悪」という考え方は正しくない。「本当に必要な場合は残業をする」という姿勢で仕事に取り組ませる。

第　３　章

「働き方改革」実現に必要な企業風土づくり

1 「制約のない働き方」が評価される背景にある根強い意識

これまで評価されてきた働き方とは

ここでいう「働き方」とは、昨今の「働き方改革」で使われる生産性に着目した働き方という意味とは違います。

高度成長期以降、日本では長らく就職は会社と結婚をするようなものでした。会社と社員の関係は、社員がどのような仕事でもやり遂げ、どのような場所にも行き、必要なら何時まででも働き、その代わり会社は定年まで雇用するといったものでした。

このような社員の働き方があって企業は発展するのですが、この働き方がいわゆる

「男性総合職」のモデルといえます。

「何でも」やり、「どこでも」行き、「いつまでも」働いてくれる、このような働き方に長らく会社の業績が支えられてきたことに間違いはありません。言い換えると、日本の企業を支えてきた働き方とは、職務上の制約なし、場所的な制約なし、時間的な制約なしといった「無限定な働き方」となります。だからこそ、企業における「適材適所」の〝適材〟とは、「制約のない働き方＝評価される働き方」ができる人材となり、現在に至るわけです。

そして、制約のない働き方は、フルタイム・フル出勤が大前提であり、当然のことながら、事業活動を担う正社員は、制約のない働き方（評価される働き方）ができる人でなければならなかったわけです。

評価される働き方ができる人とは

前述の評価される働き方ができた人たちとは、男性総合職に他なりません。今でこそ女性が妊娠・出産・育児などの理由で会社を辞めることは少なくなってきましたが、ほんの十数年前までは、結婚退職や妊娠退職はごく当たり前の時代がありました。男女雇用機会均等法が施行され、大企業を中心に女性総合職が誕生しましたが、ビジネスの世界や企業の組織・人事の運用においては、男性中心の時代がまだまだ続いています。

また、国の社会保障や税の制度は、改革が多少進められてはいるものの、「夫が外で働き、妻は専業主婦」といった形態をもとに考えられています。このほか生まれてから社会に出るまでの様々な環境において、知らず知らずのうちに性別による役割分担意識が刷り込まれているのも事実です。

妊娠、出産、育児、介護と「評価される働き方」

妊娠、出産、育児、介護をしながら働く人は、それぞれが抱える事情から「何でも」やり、「どこでも」行き、「いつまでも」働くことはできません。

所定の労働時間内にいくら効率よく実績をあげても、評価される働き方ができないことで、上司からの評価は「やっぱり育児や介護をしながら働く人は頼りにならない」といった具合になります。

在社している時間にどのような仕事をどれだけ仕上げた、処理した、実績をあげたのかについてはあまり着目せず、短時間であること、残業ができないこと、異動が難しいことなどに目が行きがちです。評価される働き方ができない人は、人事評価や待遇面において、見えないハンデを背負って働いているようなものです。

要領よく自分の仕事を済ませて帰る人は評価されない

みなさんは次の社員Aと社員Bのどちらを評価するでしょうか。

□社員A……突発的な仕事や雑務は頼みにくい雰囲気があり、自分の仕事だけを要領よく済ませ、仕事の出来は満足のいくレベルでありながら、ほとんど定時に退社している。

□社員B……人当たりが良く雑務も快く引き受けてくれる。まじめだが要領はあまりよくない、仕事を抱え込むため、残業申請のレギュラーメンバーとなっている。

仕事の観点で言えば、明らかに社員Aが評価されるわけですが、協調性を重視する日本人的な感覚で見ると、社員Bの残業は上司の雑務が横入りしているからだと考え、社員Bも頑張っているといった評価になりがちです。多少の要領の悪さより、「時間外労働＝頑張っている、定時に終わらないほどの質・量の仕事がある」と考えがちです。

経営層や管理職ほど呪縛から逃れられない

評価される働き方で成功体験を築き上げてきた経営層や管理職のみなさんこそ、評価される働き方にこだわります。時間外労働をせずに全員が帰ることにでもなれば、売上が上がらない、事業が萎むなどといった不安にかられるようです。

営業職の部下が先に帰ろうとすると、上司から「売上をあげていないのに帰るのか」といった言葉や心の声が飛び交う職場も未だにあります。会社に長くいること自体が営業成績に直結するのでしょうか。大切なのは、契約を取るためにすべきことをやることであって、会社にいることではありません。

POINT

「制約のない働き方」を尊重する企業風土を変えていかなければ、「働き方改革」は根づかない。

2

役割分担意識の変化が「働き方改革」の推進につながる

根強い性別役割分担意識

「制約のない評価される働き方」でイメージされている人材は、いわゆる男性総合職です。男性は基幹業務を直接担い、転勤や時間外労働は当たり前、女性は定型的な周辺業務を担い、部署異動はあっても勤務場所が変わることはないといったコース別人事制度の名のもとに、多くの企業で性別役割分担意識が根づいています。

そして、近年ではワークライフバランスや女性活躍推進と言われていますが、それでも国内企業の経営層および管理職の多くは、「重要な業務は男性、簡単な業務は女性」といった意識が根強く残っています。

これまで企業が必要としていた「制約のない評価される働き方」ができる人材は、必要数の確保が難しくなるわけですから、「職務変更や転勤、ここぞというときに時間外労働ができない人材＝評価できない働き方＝女性」といった意識を変えなければなりません。

役割分担意識の改革

前述の話を性別から働き方に置き換えてみると、「制約のない働き方をする人は業績貢献につながる基幹業務を担い、制約のある人は定型業務のみ」といった分担になります。

それでは「制約のない評価される働き方」ができないと本当に企業業績に貢献できないのでしょうか。まさにこの固定観念を変えることこそが、「働き方改革」を成功させる不可欠な要素です。

これからは職務、場所、時間的制約があっても、「業績に貢献してもらうにはどうすればよいのか」という視点を持つことが重要です。すなわち、評価すべきは、「制約のない働き方（型）」ではなく、「働くことにより企業の業績や付加価値向上に貢献してくれたか否か」ということです。

これまで定型業務だけを遂行してきたいわゆる一般職や非正規社員は、役割分担意識に基づき、定型業務に必要な能力を除いて能力開発が行われることはなく、能力を発揮する場も与えられることはありませんでした。しかし、これからは制約のある働き方をする人であっても、能力開発を実施し、育成すべき人材は育成して、その成長を業績向上につなげてもらうことが必要です。

「働き方の型」を評価していては、これからの企業活動が立ち行かなくなることにまだ気づいていない企業が意外と多いのです。

POINT

これから評価すべきは、「制約のない働き方」そのものではなく、「働いた結果としての企業への貢献」である。

3 役割分担意識（社内身分）はハラスメントの要因になる

ハラスメントと非正規雇用

ハラスメントにはいくつか種類があります。法制化されているものとしては、セクシュアルハラスメントと妊娠、出産、育児休業、介護休業などに関するハラスメントです。法制化されていないものとしては、パワーハラスメントがあります。

セクシュアルハラスメント、妊娠、出産、育児休業、介護休業などに関するハラスメントにおいて、対象となる労働者には、正社員に限らず非正規社員も含まれます。

パワーハラスメントもこれに準じて考えるべきものです。したがって、ハラスメントは働くすべての人を対象に防止措置を講じなければならないものなのです。

ところが、防止教育などは正社員中心に行われ、「すべての社員が対象です」と言いながら、実際のハラスメント事案の被害者は非正規社員が意外に多かったりもします。

リーマン・ショック後、人件費抑制の目的で非正規社員が徐々に増え、いつのまにか正社員から非正規社員に切り替えられたポジションも出てくるなど、契約社員、派遣社員、パート・アルバイトといった、正社員以外の雇用形態がごく当たりまえのように職場に配置されている昨今です。

こうなってくると知らず知らずのうちに、経営的な目的はさることながら、雇用形態の体系が社内身分制度に変化してきます。正社員というだけで特権階級的な意識を持つ人がいることも事実です。社員より仕事や組織に対する意識が高く、仕事の出来栄えも社員と同じ・それ以上の人であっても、社内身分制度の前では差別的な言動を受けることも往々にしてあります。

「正社員」という身分にあぐらをかいていることが、ハラスメントの発生や職場の生産性向上の阻害要因の一つになっていると考えられます。

性別役割分担意識がハラスメントにつながる

働き方の制約のある・なしや性別による企業内の役割分担意識が、実は妊娠・出産・育児介護に関するハラスメントの要因となることがよくあります。

多くの企業の経営層や管理職のなかには、表向きは言うことができなくとも、内心は「男性が育児休業を取得するなんて……」といまだに思っている人も多いはずです。ですから、実際に男性社員が育児休業を取得したいと申し出ると、「男のくせに育児休業か」「俺なら取らないぞ」「復帰後、席が残っているといいな」など、休業することを非難するような言動になるのです。

また、企業にとって制約のある働き方は望ましい働き方ではないのですから、女性社員が育児休業復帰後に短時間勤務をすることや、子供の突然の発熱などで看護休暇や年休を取ることや、早退することは当然のことながら快く思われていません。「また休むのか」「またフォローしないといけないのか」といった雰囲気は、言葉に出さなくとも本人はわかるものです。

POINT

各種ハラスメントが起こらない企業風土づくりは、「働き方改革」成功に不可欠な条件である。

4 コミュニケーションとパワーハラスメント

働き方の違いがパワハラもどきに

「評価される制約のない働き方」がごく当たり前だった世代の男性社員は、就職とは一つの会社に勤め続けることであり、働くとは帰属意識のもとに働くことでもありました。

時代的に男性社員のほとんどすべてが、このような価値観に基づく働き方をし、これを疑うようなことはまったくありませんでした。当然のことながら時間外労働が必要となれば、何時間でも休日でも働くことが当たり前の時代があったのです。

ところが現在は、新入社員のアンケート調査などでは、私生活の時間を大切にしながら働ける職場を希望する、時間外労働はあまりしたくないなど、高度成長期を支えてきた方からすると理解できないような意識を持った社員たちが職場に次々と配属されてきます。

ここからが問題なのですが、50代以上の世代の人にとっては、上司から言われた通りにすることは当たり前、皆の前で注意をされたり、場合によっては叱られることもありました。

パワーハラスメントについては、厚生労働省において代表的な行為の「6類型」を図表5の通り示しています。

これらに該当するような行為がまったくないわけではありませんが、実際に職場で部下が、パワハラだと考えているような行為は違うようです。

たとえば、営業方法について上司から部下に対して指示をし、これに対して、部下が「今は○○の方法のほうが効果的だと思うのですが」と意見を言ったとします。まず上司の指示通りに行動することが当たり前と考えている世代の場合、意見というよりは口ごたえと捉えます。ですから、上司はカチンとなり「いいから俺の言った通り

図表5 パワハラの6類型

行為の類型	具体的な行為
身体的な攻撃	暴行・傷害 ●殴る、部下の胸倉をつかむ、腕をつかむ、こづく
精神的な攻撃	脅迫・名誉棄損・侮辱・ひどい暴言 ●叱るときに机を叩く、大声を出す ●「ここから飛び降りろ」「明日から来なくていい」 ●「給料泥棒」「不要な人間」
人間関係からの切り離し	隔離・仲間外し・無視 ●特定の人だけを無視する ●特定の人だけ連絡メールを送らない ●特定の人だけ会議に出席させない
過大な要求	業務上明らかに不要なことや遂行不可能なことの強制、仕事の妨害 ●達成不可能なノルマ ●同じ失敗に対して執拗に繰返し叱責する ●使用しない書類の整理
過少な要求	業務上の合理性なく、能力や経験とかけ離れた程度の低い仕事を命じることや仕事を与えないこと ●特定の一人だけに仕事を与えない ●特定の一人だけ雑用をおしつける
個の侵害	私的なことに過度に立ち入ること ●特定の一人だけを酒に誘う、酒席への強要 ●休日のゴルフ等への誘い、引っ越しの手伝い

にやれ」となるのです。

こうなると部下は「せっかく提案しているのに、頭ごなし（一方的）に命令するなんて、これってパワハラ？」といった具合に、不快に思う上司の行為、特に一方的・強制的と感じる行為はパワハラもどきになってくるのです。

パワハラもどきを防ぐには

このようなパワハラもどきを避けるには、指示に対する「目的」や「理由」を明示するようにします。これで一方的とは言われず、双方の目的意識を合わせることもできます。

「昔はいちいち細かいことまで説明しなくても、わかってくれた、やってくれた」という感覚は、これからは危険です。

多様な雇用形態の人が働く職場では、職場の人間関係が円滑であることが欠かせません。皆が同じ目的をもって働くことが、人の定着や育成を図るだけでなく、やり直しやミスを防ぐといった業務効率にもつながります。「あうんの呼吸」で通じることを求めず、目的や理由をわかるように説明することがハラスメント防止につながります。コミュニケーション不足による情報不足や誤解は、生産性に影響するものです。

POINT

コミュニケーション不足は、ハラスメント発生の温床。風通しのよい職場づくりを心がけよう。

5

「時間外労働削減」の成功要因は、時間を大切にする風土づくり

時間を大切にする風土を醸成するには

現時点で「働き方改革」のメインテーマとなっている「時間外労働の削減」は、「終業時間後の一斉消灯」などといった措置をいきなり行っても、生産性の向上といった本来求める効果を生みません。

取り組みの一つとして必要なのは、「時間を大切にする」という風土・価値観を社内に根づかせることです。そのために次のようなことの意識づけから始めましょう。

①残業の多い会社の特徴

□会議が多い、長い（会議自体が目的化している）、結論を出さない・出せない、結局は結果先送り
□重要事案は会議前に役員への個別の根回しが必要（限られた時間で結論が出せない）
□経営会議などの会議資料の作成に時間がかかる（稟議決裁に必要な記載項目や書き方のルールがない）

このような傾向があれば、貴重な時間をまったく意識していないと言わざるを得ません。そして、このような会社では、物事が決まらない、決まるまでに時間がかかる、それとなによりも「変化を嫌う」という傾向があります。

このような風土があれば、社員は時間を意識して働かなくなります。会議時間に全員が集まらない、必ず提出期限を守らない社員がいるなどと、要は時間にしまりのない集団になってしまうのです。ましてや日常業務の課題を見つけて改善するなどということは、到底できません。

以前、就業規則の改定業務の依頼を受けたクライアントの事例をご紹介します。改定案の打合せでは、ヒアリングした現状の問題点や要望事項を踏まえ、問題点が改善

できる提案をしていました。ヒアリングでは、問題があるので運用やルールを変えたいと言われていた事項について、改定後の細かい運用や労働組合への説明内容をひとしきり議論した後、必ず「やっぱり、うちの会社は急にルールを変えることが難しい」「こういう場合は対応できるのか」など、いくら丁寧に目的や他社事例を説明したり、代替案を提案しても、最後は結局、「変える」という結論が出ないのです。そのクライアントでは、法律改正による改定以外は、就業規則を5年変えていないということでした。

②経営陣から変わる

決断の遅い会社が、社員に仕事のスピードや効率化を求めても説得力がありません。決断の遅さ、思いつきによる頻繁な方針転換、些細な取扱いにこだわるなど、経営陣がプロジェクトの阻害要因になってはいけないのです。

③時間厳守の徹底

効率的な働き方を推進するには、時間を意識して働くことを定着させることが重要なポイントとなります。すぐできる取り組みとしては、次のようなものがあります。

□朝礼、会議などの集合時間の徹底
□提出物の提出期限の徹底（期限の徹底、遅延者へのトレース）
□仕事に期限をつける、つけさせる（「○月○日に」「○月○日までに」など）

④着手日の徹底 ～ 実はこれがとても大切！

よくある結局間に合わずに直前に残業することがないよう、管理職には着手日を決めさせ、必ずその日から着手させることを徹底的に指導します。

POINT

「時間外労働」の削減に必要なのは、時間を大切にする意識を根づかせること。細かなことから取り組んでいこう。

6

時間や場所の制約がある社員でも、活躍できる会社が発展する

なぜ正社員以外に重要な仕事を任せられないのか

フルタイム・フル出勤の形態で働く人以外は、重要な仕事や創造的な仕事ができないのでしょうか。そうでないことはみなさんもよくおわかりのことと思います。

この問いに対しては、多くの経営幹部が「できない」「能力はあっても頼めない」と回答されるのではないでしょうか。

この根底には、やはりフルタイムの所定労働時間内で仕事が終わることはあり得ず、「時間外労働に対応できない、緊急時に対応できないのでは、とても重要な仕事は任

せられない」といった先入観があるはずです。

制約のない働き方ができる社員は増えない

人口減少の傾向が今後も続くことが予想されていること、働く人たちの働くことに対する意識がプライベート重視または両立へ変化していることから、これからの時代、転勤をいとわずどこでも働くことができる社員が増えることはないでしょう。

重要な仕事、創造的な仕事、基幹的な仕事は、フルタイム・フル出勤のいわゆる総合職にしかさせない・させられないと考えると、今後はその対象者が増えないわけですから、事業規模の拡大や発展がおぼつかないことが起こり得ます。これでは企業の発展は望めません。

これからは、場所や時間的な制約にある人は定型的業務・補助的業務に回すと決めつけず、「時間外労働ができたり、フルタイムでないと活躍できない」という固定概念を捨てないと、業績向上に結びつける「働き方改革」は実現できません。

「働き方（型）」と仕事の能力を分けて考える

何でも、どこでも、いつまでも働くことができる社員が、仕事のできる社員とは限りません。要領の悪さを時間の長さでカバーしたり、いろいろな雑務を引き受けたり、会社の意向に沿って転勤や職務変更に応じるなど、協力的な社員であることと仕事ができることは違います。

時間や場所の制約があっても、仕事のできる人に相応しい役割を担ってもらうほうが、時間の生産性や本来の適材適所の観点から実施すべき対応であることは、誰もがわかっていることです。でも「働き方（型）」にこだわるあまり、わかっていてもできなかったことです。これからは、固定観念による型を守ることより、人の確保・定着、生産性を向上させるために取り組むべきことをやらなければならないのです。

時間外労働ありきの業務運営はもう続かない

起こってしまった突発的なトラブルに対し、応援体制を組んでも人手が足りず、時間外労働が発生してしまう場面はあるでしょう。

しかし、そもそもトラブルが発生しやすい運営方法になっていないか、業務工程において非効率な点がないかなど、改善活動をすることなく、現場任せで時間外労働が発生しているようでは、「働き方改革」などできるはずもありません。

経営者に長時間労働抑制の話をすると、多くの方は「時間外労働はある程度仕方のないものだ」「忙しいときは時間外労働をやってくれないと困る」といった反応を示されます。生産性向上を考えるのなら、仕事の処理時間を短くする方法を考えるべきです。時間外労働を前提とした現在のやり方にはまる人（時間外ができる人）を評価し続けるということは、改善や改革を放置することと同じことです。

制約があっても活躍できる会社に

業績を向上させるには、会社に出勤している時間、勤務地が社内外を問わず仕事をしているその時間に、いかに結果を出すか、結果につながることをするかが重要です。これは雇用形態や勤務時間の長さや転勤の有無とは関係のないことです。

子育てや家族の介護をしながら仕事をしている社員、定年再雇用者、職場限定の社員、勤務地限定であっても仕事ができる社員には相応しい仕事を任せ、成果を上げてもらえればいいのではないでしょうか。働き方（型）にはまる「人」に仕事をつけず、やるべき「仕事」に適した人をつける方法に転換することが求められます。

POINT

「働き方に制約のない社員」が今後増えることはありえない。「制約」のある前提で、業務運営を考えていかなくてはならない。

第4章

ダイバーシティと「働き方改革」

1 ダイバーシティは、全従業員の活躍宣言

なぜダイバーシティの推進が必要なのか

ダイバーシティとは「多様性」を意味しますが、一般的に「企業におけるダイバーシティ」というと、実は「ダイバーシティ・マネジメント」の意味で使われています。ダイバーシティ・マネジメントとは、人材の多様性を活かして創造性を高めることで組織活動や事業活動を強くすることを意味します。

日本では、数十年前から急速な少子高齢化が進んでいると言われ続けています。実際に総務省の平成27年10月の国勢調査によれば総人口が減少し、今後も総人口の減少

傾向が続くと言われています。

これは企業が求める「制約のない評価される働き方」ができる人材だけで、必要な人数を確保することが難しくなったことを意味します。また、団塊世代の多くが65歳を超え再雇用期間が終了することなどもあり、評価される働き方を理解して実践してきた層が減少しつつあることも人材不足に拍車をかけます。

企業活動を「制約のない評価される働き方」の人材だけで行うことができないとなれば、多様な価値観を持ち、多様な働き方をする人材の混成部隊で活動するしかありません。これが女性であり、高年齢者であり、外国人労働者などであることは言うまでもありません。

国の「働き方改革」においても、このダイバーシティの推進は重要なテーマとなっています。

全社員が活躍できる職場づくり

現在の会社には、実に様々なワークスタイルの方々が混在しています。この傾向は

20年ほど前から顕著となりました。

また、パートタイム労働者や有期雇用労働者などの非正規社員もいつの間にか増加しており、全労働人口の4割を占めるようになっています。

そのほかにも、育児や親の介護などの様々な事情により、フルタイムの労働を提供できない人々が増えていることも事実です。

今後、経営者はこれら非正規社員を含めた全社員の活躍を望まなければなりません。「あなたはパートだから期待しません」「あなたは女性だから特に活躍しなくて結構です」とは言えないのです。

女性を絶対に差別しない会社を作るには

ダイバーシティの中で、各社が最も積極的に取り組んでいるのが、女性の活用・活躍の推進です。

一昔前なら、女性であれば結婚や出産を機に退職して専業主婦となるのが一般的でした。税制も専業主婦なら夫の側に「配偶者控除」を与えて、これを後押ししました。

厚生年金制度にも、被扶養配偶者であれば、保険料を納付しなくとも年金を支給する制度があります。長い期間にわたり、「女性は働かない」ことを前提に制度が設けられてきたわけです。

それがここにきて、「女性活躍推進法」の制定や「男女雇用機会均等法」の改正など、一気に女性の社会進出を促進する方向に動いています。男の働き手がいくらでもいた団塊世代の経営者層からすれば、戸惑いを隠せないのも無理はありません。

しかし、そもそも女性差別が存在しない会社では、それほど「女性」を意識していません。普通に女性が管理職となり、役員になります。サービス産業ならば、ごく当たり前にみられる傾向です。製造業であっても、女性下着メーカーなどでは当然のこととして、女性が活躍しています。

これに対して、危険な作業現場が多い建設業や、一般の製造業では難しい改善であることは確かです。

政府もすべての産業が同じように女性管理職の割合を増やすことを強制しようとはしていません。しかし、あらゆる産業において、女性活躍推進に関する準備を怠ることはもはや待ったなしであることを理解しましょう。

女性を差別しない会社をつくるために今からできることを以下に挙げます。

①仕事を男女で分けない

これが案外難しいのです。仕事内容そのものを男女で分けないのは当然ですが、休憩時間や帰社時間などを男女で分けるのも問題です。

②女性特有の仕事をつくらない

女性だけがお茶を淹れたり、女性だけにゴミを捨てさせるなどの指示はすべて男女雇用機会均等法違反となります。

③女性を「ちゃん」づけで呼ばない

女性だけを「ちゃん」づけで呼んだり、「女の子」という表現はやめましょう。

すべての職種を同等に扱う

男女の別のほかにも、会社には正社員以外の様々な人々が混在しています。これらをできる限り平等に扱うのも「働き方改革」です。

パートタイム労働者とは、一般的には他の社員と比較して労働時間の短い社員の総称です。労働時間や出勤日数が少ない社員の賃金がそうでない社員と比例して減少するのは当然ですが、その他の労働条件においては、仕事の内容や責任の範囲、仕事の変更の有無や変更の範囲以外で「できる限り差を設けない」という心がけが必要です。「様々な事情による様々な働き方」を容認して、どのような職種の社員も安心して働ける環境やシステムをつくることが「働き方改革」においては重要です。

実際に、「パートタイム労働者であっても役員に登用する」という制度を作った会社があります。であれば、少なくともパートタイム労働者のまま管理監督者になれる制度を構築してはいかがでしょうか。短時間働く社員を「勤務時間が短い」という理由だけで、その他の要件においても差別することは時代遅れになりつつあります。

また、事情が変わってフルタイムで働けるようになったパートタイム労働者のために「正社員・限定正社員転換制度」を設けることも有効です。

職種間異動が可能な会社は柔軟な対応力がある会社だと思います。働く時間の長短だけで差別することをなくしていきたいものです。

契約社員（有期契約社員）への対応

有期契約社員とは、一定の契約期間を設定して労働契約を結ぶ社員のことをいいます。パートタイム労働者も多くの場合、有期契約社員になります。

時代とともに有期契約社員の割合も増加してきました。この間に労働契約法が制定され、改正が発表されました。有期労働契約を複数回更新し、その年数が5年を超えて本人からの申し出があった場合、申出時の契約期間が終了した翌日から「期間の定めのない雇用」への移行が義務づけられることとなりました。

期間の定めのない雇用契約がただちに正社員になることを意味するわけではありませんが、法制定の趣旨は「働き方改革」の観点から、何年も勤め、複数回契約更新した有期契約社員については正社員に準じた待遇を与えるよう求めているものと解釈すべきです。

POINT

「ダイバーシティ」（多様性）は、「働き方改革」の重要なテーマ。とりわけ、女性の活用・活躍推進は喫緊の課題である。

2 育児・介護休業制度の利用を特別扱いしない

育児・介護休業制度の現状

1985年に男女雇用機会均等法が成立した当時、産前産後休業を取得すること自体のハードルが高かったことを思うと、現在では多くの企業において出産後に育児休業を取得することはごく当たり前のこととなっています。

ところが、一部の企業においては、いまだに妊娠、出産、育児、介護に関する取り扱いについて、制度が利用できずに退職する、職場にいづらい環境になるなどの嫌がらせがなくならないという状況が続きました。

そこで「妊娠、出産、育児、介護に関するハラスメント」防止について、男女雇用機会均等法と育児・介護休業法が改正され、2017年1月から施行されています。

育児・介護休業の取得を当たり前と考える

子育て中の社員が一定数職場にいるのは珍しくありません。しかし、実際は、子育て中の「女性従業員」がいる場合のみ、短時間勤務や時間外労働の免除制度の利用があるものと決めてかかっていないでしょうか。保育園の送り迎えや家事全般のすべてが女性の仕事ではありません。

どのような企業においても、少子化と人口減少の問題解決を総論で語ったとき、出生率の上昇が重要なことは誰も異論のないところでしょう。にもかかわらず、「仕事と家庭の両立や女性活躍推進が重要だ」と唱えながら、自分の職場に子育て中の従業員がいた場合、本音では「短時間勤務や子供の病気などによる遅刻や早退があることは迷惑だ」といった各論反対の意識が根深く残っています。

また、家族の介護をしていることを会社の上司や同僚に話したがらない社員が多いという傾向があります。高齢化社会の実態を考えれば、介護のレベルや頻度は人それぞれかもしれませんが、介護をしている社員は一定数職場にいるものと思われます。

これからは、妊娠、出産、育児、休業に関する制度を利用すること、あるいは利用している人が職場に存在していることを当たり前と考えるぐらいの意識転換ができなければ、人が集まり、育ち、定着する企業に変わることはできません。

制度利用者を過保護扱いはしない

妊娠中でつわりを抱えながらの勤務、また定期健診などの通院への対応、育児休業明けの短時間勤務、子供の急病による突然の休暇や早退など、妊娠・子育て中の社員によくある出来事です。

このようなことが起こることを理由に、当該社員の仕事の質や量を加減することがよくあります。確かに急に休んだり早退するとなると、その日にやらなければならないことがあれば、部署のメンバーの誰かがカバーしなければなりません。カバーすることを部下に頼みにくい上司、自分の担当以外はやりたくない部下という雰囲気のある職場では、制度利用者は補助的な業務などの閑職に追いやられがちです。

このような場合、休業前に仕事をバリバリやっていた社員ほど、復帰後に簡単な仕事のみさせられることでやる気を失い、そのうち「これ以上仕事はしません」という残念な短時間マインドになりがちです。無用な過保護扱いは、人材の活躍の場を失うだけでなく、貴重な人材そのものを失うことにもなります。

制約があってもなくても協力し合おう

子育て中の社員が「子育て中なら休む権利がある」「休んで当然」「これ以上は仕事をしない」といった権利主張型だと、突発的な休みに協力している同僚が段々非協力的になってきます。子育て中ではない社員も風邪や体調不良などで急に休むことがあるわけですから、「突発的に休む」という点においては、お互い様であることを忘れてはいけません。

勤務時間や雇用形態の違いにかかわらず、所定労働時間内に効率的に成果を挙げることを会社が求めていること、「子供や自分の病気といった理由で休むことはやむを得ず、お互い様であり、協力しあうべきだ」といったメッセージをぜひ会社から発信してほしいものです。

要は出勤している間はきっちり働いてもらって、やむを得ず休む場合はお互い協力して気持ちよく働こうということです。

POINT

育児・介護休業の取得は当然のものという認識を浸透させるには、休業中のサポート体制まで構築しなくては意味がない。

3 育児・介護の制約社員を活躍させるには

管理職の理解と協力が必要

育児や介護の短時間勤務や時間外の制限や免除など、育児や家族の介護をする社員を支援する法的な制度は整備されています。最近では「イクメン」や「イクボス」といった言葉を聞くようになりましたが、未だ性別役割分担意識が根強く残っている感も否めません。言葉には出さないまでも、育児や介護を理由に休んだり、短時間勤務で帰られると仕事に差しさわりがあり、迷惑だと思っている管理職は少なからずいるのではないでしょうか。

本人の気持ちとは別に、子供の病気で急に休むことになったり、何か突発的なトラブルが発生しても短時間勤務者の場合、決まった時間に帰らなければならないといったことは、必ず起こります。

このようなときに、本人がやるべき仕事の同僚への割振りや、トラブルへの対応など、管理職がサポートしなければならない場面が多々あります。育児や介護をしながら仕事を続けるには、職場の管理職の理解と協力が不可欠であることは言うまでもありません。しかし、本音ベースで本当に協力的な管理職はそう多くはないようです。

管理職の態度次第で職場の風土が変わる

子供の病気で急に休んだり早退した社員について、管理職が「やっぱり育児休業明けの社員は頼りにならない」などと発言したらどうでしょうか。

仕事をカバーしている同僚は、さらに負担感を感じるでしょうし、仕事上直接関係のない女性社員なら、出産・育児に否定的な職場だと感じ、自分の出産について不安に思うことでしょう。

同じようなことがあっても、管理職が「○○さんはお子さんが病気で仕方なく休まなければならなくなった。みんなで協力して仕事を片づけよう」と言えば、雰囲気は変わるはずです。

この場合、カバーする側の社員へのフォローも忘れてはなりません。「今日は、急に○○さんの仕事も手伝ってもらって助かったよ。ありがとう」など、感謝の気持ちを伝えます。

カバーする側の社員から不満が出たら

同じ社員が育児介護などで急に休んだり早退することが度々あると、カバーする側の社員から「何でいつも私がカバーしなければならないの?」「なぜ私だけが大変なの?」といった不満が出ることがよくあります。このような場合、最もやってはいけない対応は、正式に苦情としてあがってこないからという理由で放置することです。放置すれば職場の不協和音は大きくなることはあっても小さくなることはありません。

このような場合は、ただ苦情や不満を聞くだけでは解決しませんから、どうしたら仕事が円滑に進められるか、カバーする側の負担が減るかなど、共通の目的を示して一緒に検討することで解決を図ります。

時間外労働に頼らない業務運営体制を

ずばり最短の時間で結果を出すために必要な体制を整備することです。これは子育て中の女性社員向けの施策ではありません。

現在は、共働き世帯が一般的であること、また若い世代では家事や育児を夫婦で分担することが一般的になりつつあります。企業はこのような現状を踏まえ、社員の家庭生活を支援する意識を持つことが求められるようになりました。

人材の確保・定着といった観点から、共働き世帯が仕事をしながら家事・子育てを分担できるよう、時間外に頼らない業務体制を構築することがこれまで以上に求められます。

役割を与えて責任のある仕事を

育児休業後の短時間勤務だから、残業免除の制度を利用しているからといって、終業時刻に退社できるよう業務上必要な会議に参加させない、負担の軽い仕事のみさせているといった話をクライアントの人事担当者様から伺うことがあります。途中で帰社すると誰かがフォローするのが大変だから、最初から責任のある仕事はさせないといった理屈はよくわかります。しかし、本人にするとやる気がなくなってしまいます。

一人で完結できる仕事はありません。また、社員であれば、誰でも組織の一員としての役割があるはずです。業務上の役割や責任を明確にし、担当者として責任をもって仕事をしてもらいたいと伝えましょう。そして、必要な会議にも参加してもらい、やるべき仕事はやってもらいます。このとき、会議の開催時間や連絡会などは、短時間勤務者が参加できる時間帯に設定します。定例会議であればあるほど、開催日や開催時間にこだわりがあるようですが、突き詰めて考えると、その時間帯に開催しなければならない理由はほとんどありません。

当社には全員参加の定例会議があるのですが、当初は所定労働時間の途中よりは後ろに寄せたほうが良いと考え、16時を開催時間としていました。ところが、短時間勤務者は毎回残業して会議に参加していましたが、会社としては仕方のないことだと考えていました。そこに短時間勤務者から時間の前倒しの要望があり、仕事の切りが悪いのではないかとも考えたのですが、まずやってみようと思い、午後の2時に会議時間を前倒しにしました。結果的に、業務上これといった支障も特段なく、なぜ最初から気づかなかったのだろうと考えた次第です。

POINT

育児・介護休業については、まず現場の管理者が理解を示し、協力姿勢を示さなければ、職場の不協和音を生むだけである。

4 シニア（高齢者）社員に活躍してもらうには

定年に関する法律と高年齢者雇用

以前は60歳から支給されていた年金の支給開始年齢が段階的に65歳まで引き上げられています。この関係で定年に関する法律である高年齢者雇用安定法が、２００６年（平成18年）4月、２０１３年（平成25年）4月と2段階で改正されています。

法律では、定年の年齢は60歳を下回ることはできず、定年の廃止、定年の引上げ、65歳までの継続雇用制度のいずれかの措置を講じることが企業の規模を問わず義務づけられています。多くの企業で継続雇用制度を導入しています。

厚生労働省の「平成28年就労条件総合調査」によると、定年制を定めている企業は95・4%で、これを100として一律の定年制を定めている企業は98・2%となっています。そして一律の定年制を定めている企業の80・7%は60歳定年制を設けています。なお、労働者数1000人以上の企業では90・4%の企業が定年年齢を60歳としており、60歳定年再雇用の制度が高年齢者雇用の主流であることがうかがえます。

雇用が目的化した高年齢者雇用はいらない

2013年（平成25年）4月以降は、原則、希望者全員が65歳まで雇用される制度の導入が義務化されています。当然に再雇用者が増えていることが予想されます。

総務省の「平成27年労働力人口調査」によると、60〜64歳は約8%、65歳以上は約11%の割合に達し、労働力人口全体に占める60歳以上の割合は約2割にもなります。高年齢者たちは、重要な働き手であることを忘れてはいけません。

定年時において、解雇事由などに該当せず、「雇わなければならないから雇用する」といった雇用自体が目的化した「福祉的な雇用」では、職場の士気も低下します。

最悪なのは、仕事は定年前とほとんど変わらないのに、賃金だけが定年前の6割程度に下がり、評価されることもないといったパターンです。これでは、最低限の仕事しかこなさない（場合によってはそれさえしない）「ぶらさがり雇用」と言われるような再雇用者が増えても仕方ありません。

再雇用者が定年前と同じように戦力として活躍できるよう、モチベーションの維持・向上につながる施策を設け、職業人として培ってきた経験やノウハウが発揮・伝承される仕組みを作ることが重要なポイントとなります。

再雇用者の役割を明確化しよう

再雇用者の処遇を考えるうえでは、再雇用者を「どのような仕事に」「どのような雇用形態で就業」してもらい、「どのような賃金を支払うのか（仕事と雇用形態に応じた賃金）」という3点について整理する必要があります。仕事の配置やそれに見合った賃金支払いには、やはり何らかの制度が必要です。

また、再雇用者の役割を明確化するには、企業内での「場所」を確保することで、

図表6　シニアにやる気を創出させる仕事のヒント

●「有能感」
（強みを活かした仕事）

●「重要感」
（価値を感じられる仕事）

●「好感」
（感謝される仕事）

やる気の創出にもつながります（図表6）。

原則、活躍期間は5年

再雇用者は、通常5年間限定での雇用となります。

たとえば、専門的かつ会社にとって貴重な技能を持つ社員が定年を迎え、再雇用後も引き続き同様の職務を遂行してもらうとします。この再雇用社員は、向こう5年間これまでと同じように職務を遂行すればよいのでしょうか。

一般的な再雇用制度であれば、65歳が雇用期限ですから、5年経過すると貴重な技能を持つこの再雇用社員は退職します。本人の身体が続く限り雇用を継続するといったことも考えられますが、特定の社員に過度に依存することは「事業の継続」という観点で考えると望ましい方法ではありません。

再雇用社員がやっている仕事は、原則5年後には誰か他の社員がやらなければならない仕事であることは絶対に忘れてはならないことです。少なくとも残り1年となる頃には、後任者が予定できる、あるいは後任者の育成が進んでいるという状態にしておきたいものです。これは、後任者不在で管理職を続けている場合もまったく同じです。

再雇用者用の人事制度

再雇用者にも役割や責任に応じた等級制度やリンクする賃金制度、評価制度が必要ではないでしょうか。正社員の制度ほど精緻なものでなくとも、再雇用後の期待される役割を整理すればおのずと制度設計ができるはずです。

ここで改めて整理しておきたいことは、正社員については実際の仕事や役割ではなく、職務遂行能力を基準に格付けされた等級で賃金が決まる一方、再雇用者は再雇用後の仕事を基準として賃金その他の処遇が決まっていることが多いという点です。

簡単に言うと、正社員は人基準、再雇用者は仕事基準の制度になっているということです。これでは、人事制度のダブルスタンダードで、賃金水準や賃金決定に関して説得力がありません。雇用形態による待遇の特権化は、ぶら下がり正社員をつくるだけです。

この機会に、役割や仕事を中心とした人事制度に改定したいものです。いずれ法制化される「同一労働同一賃金」に対応するためにも、今のうちから準備しておく必要があります。また、これは多様な働き方をする人たちをどう処遇するかといった観点からも避けて通れないものです。

POINT

シニア（高齢者）社員の再雇用については、それ自体を目的化せず、「役割」を明確にした上で活躍の場を与えるべきである。

5 非正規雇用社員の「働き方改革」①2018年問題への対応

2018年問題とは何か

労働契約について定めている労働契約法が2013年4月に改正され、これを機に企業における有期雇用の在り方が大きく変わりました。

その内容は、同一の事業主と2013年4月以降に締結した有期雇用契約を更新して、契約期間が通算5年を超える場合、労働者には有期から無期雇用への転換権が発生するというものです。そして、転換権の発生した労働者から「無期転換したい」（無期転換の権利を行使）という申出があった場合、企業は拒むことができなくなります。

なお、無期転換後の給与など労働条件については、特別な定めがない限り、転換前と同じ条件で構わないとされています。よく誤解のあるところですが、正社員に転換させなければならないといった定めはありません。最低限、条件を変更しなければならない事項は、契約期間を有期から無期にすることです。

また、通算5年とされているのは、有期雇用契約では契約が連続しないこともあるため、次の契約まで一定期間（クーリング期間）が空いた場合は5年のカウントがリセットされるといった取扱いもあります（有期雇用契約が1年以上なら6カ月以上、1年未満なら期間に応じたクーリング期間あり）。

ここで重要な5年の期間については、2013年4月以降に締結した契約からカウントします。法律が施行された2013年4月1日から契約した場合、2018年3月31日で丸5年となり、2018年4月に無期転換権が発生する人が出るため、「2018年問題」と言われています。

●2以上の有期労働契約が

●同一の労働者と「同一の使用者」の間で
（法人単位で判断され、無期転換を免れるために、派遣や請負を偽装し、形式的に使用者を別の者にしても労働契約は継続していると解される）

●通算5年を超えている場合に
（有期労働契約が5年で期間満了により終了する場合は対象外）

●労働者は現在の有期労働契約の終了前に無期契約の申込みができる
（通算5年を超える有期労働契約の初日から終了するまでの間に申し込む）

●企業には拒否権がない

□対象者
（契約期間を定めて雇用している労働者が対象、パートやアルバイトも対象）
（60歳以降に雇入れた有期雇用労働者も対象）

□転換後の労働条件
（別段の定めのない限り、従前と同一でよい、正社員の必要性なし）
（法律による転換強制は契約期間のみ、有期→無期）

図表7　有期雇用契約社員の無期雇用契約への転換

〈契約期間1年の場合〉

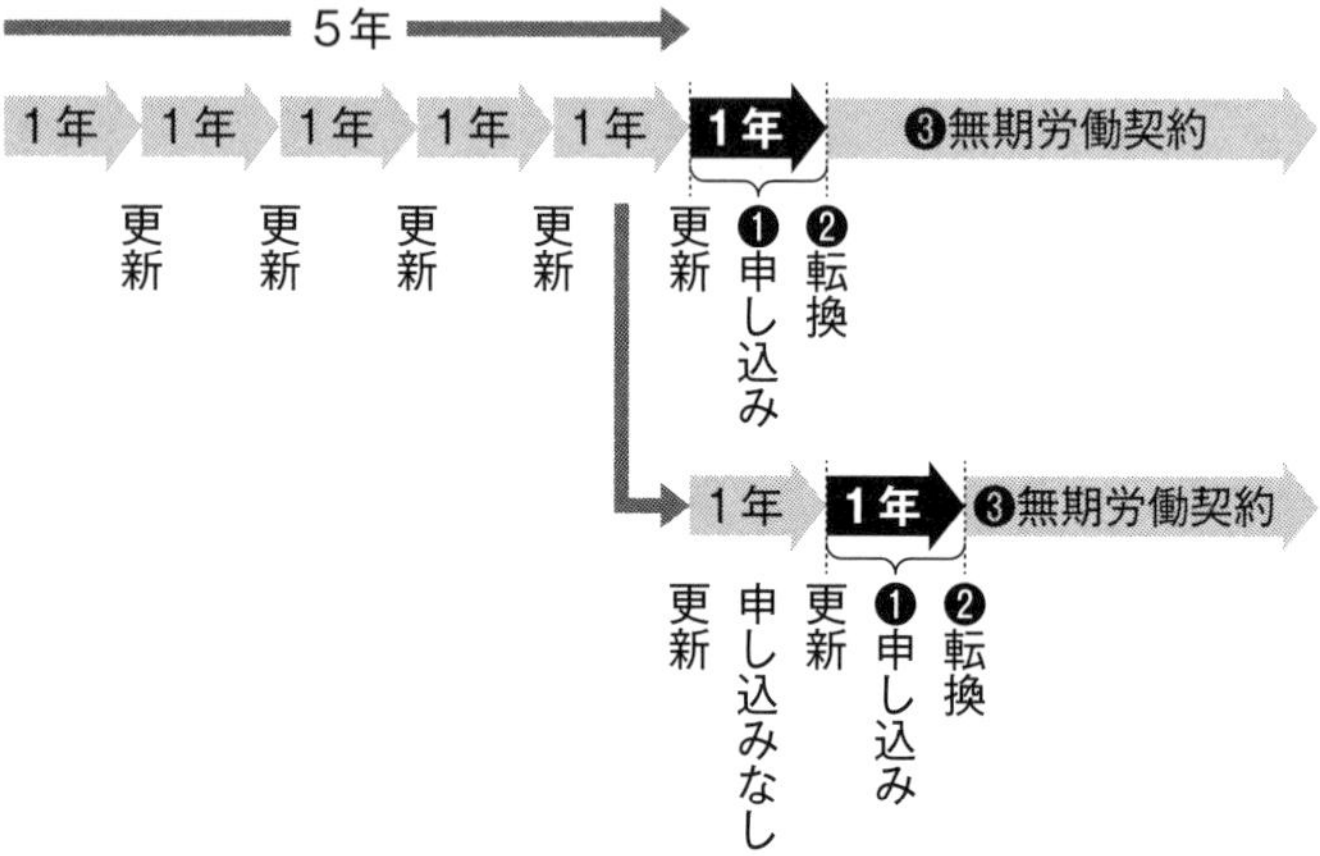

6年目の契約期間中に無期転換の申し込みがなかった場合、7年目以降でも申し込みができる。

〈契約期間3年の場合〉

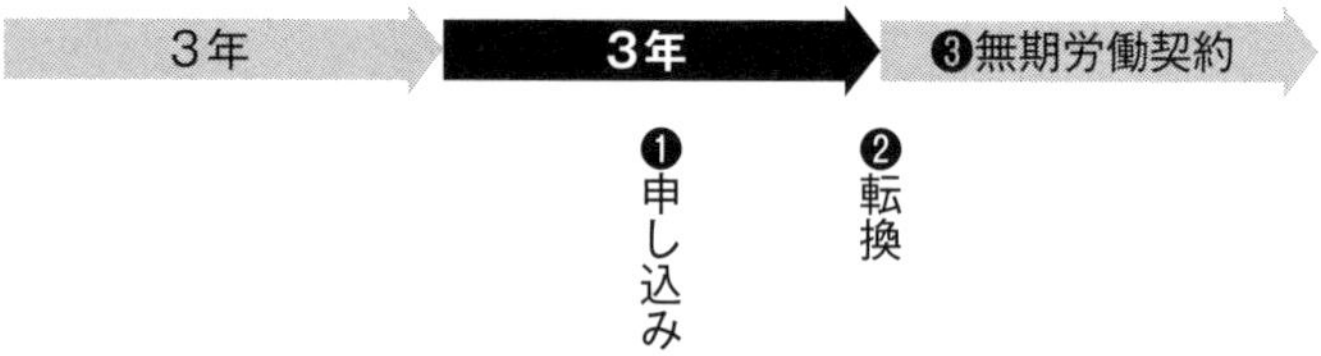

契約更新（2以上の契約）をすることで、契約期間が5年を超えるため、2回目の契約期間の開始日から終了日までが申し込み可能期間となる。

□通算5年の開始日
（2013年4月1日以降に締結された契約から開始）

無期転換させないための雇止めは無効

無期転換させたくないと考える場合、思いつく策としては5年を超えないよう契約更新せず雇止めにするといった方法です。

これを見越したかのように、労働契約法には、労働者が更新を希望している場合、雇止めが客観的に合理的な理由を欠き、社会通念上相当であると認められないときは、従前の契約内容で契約更新の申込みを承諾したものとみなすといった定めがあります。安易な雇止めは認められないので注意しましょう。

【雇止めが認められない契約タイプ】

□実質無期契約タイプ……有期雇用契約があたかも無期労働契約と実質的に異ならない状態である場合

□期待保護（反復更新）タイプ……労働者においてその期間満了後も雇用関係が継続されるものと期待することに合理的な理由があると認められる場合

無期転換の例外扱いとは

労働契約法が改正された当初、この無期転換制度では例外扱いになる人がまったくいませんでした。定年再雇用者であっても、60歳定年後65歳まで再雇用し、さらに働いて欲しい再雇用者を65歳以降も雇用すると、その再雇用者には無期転換の権利が発生するという何ともおかしな事態が生じていました。

ひところは第二定年を設けるといった話が盛り上がりましたが、２０１５年4月に例外措置が設けられ、申請・承認を得ることで定年再雇用期間は無期転換権が発生しない扱いとなりました。その他、5年を超える一定の期間内に完了することが予定されている業務に就く高度専門的知識などを有する有期雇用者については、その予定されている期間（上限10年）も例外措置の対象となりました。

転換の選択肢

法律上は、契約期間だけの変更（有期から無期）で構わないとされています。転換後の待遇については、対応が二分されています。

一つは大手企業を中心に報道などで目にするところですが、正社員や限定正社員（地域や職務を限定）に転換させるといった扱いです。これは当然に転換に伴い待遇が向上します。

もう一つは、法律通りに契約期間だけ無期に変更するといった扱いです。後者には、人事制度の再設計などが間に合わず、とりあえず最低限の対応をするといった企業や他社の動向を見てから具体的な対応を検討するといった企業も含まれていると考えられます。また、後者を選択したなかでは、無期転換権を有する労働者が申出をしたら、無期転換の対応をするといった受動的かつ消極的な姿勢の企業も一定数あるようです。

これはどちらが良い悪いといったものではありません。これこそまさに企業が今後の人口減少などを踏まえ、自社の継続した発展を考える際に、事業を支える「人」をどのように配置して、何をしてもらい、それに対してどのように処遇するのかといった、シンプルな問いに対して自社の方針を決定しているに過ぎません。

これは「同一労働同一賃金」問題にもつながりますが、重要な経営資源である人と自社の関係について、改めて考えるきっかけになるものと考えられます。

〈転換の選択肢〉

①正社員……既存の正社員区分に転換

②無期契約……契約期間のみ無期とし、その他の条件は従前と同様

③限定正社員……①②とは異なる人事コースに転換（既存の限定正社員、新設の限定正社員に転換）

転換時の注意事項

今後、人材活用をどのように行っていくのかを考え、人事制度全体の運用も考慮して転換制度について検討しておく必要があります。

〈決めるべき事項〉
①転換制度の目的と転換パターン（正社員、別コース、無期転換のみ）
②転換制度の運用（非正規雇用者一律なのか、職種等を考慮した複数運用）
③転換条件・手続（転換の要件、時期、手続方法、既存の転換制度との整合性）
④待遇（労働時間・休日、配転の有無、賃金・賞与・退職金など）
⑤契約期間のみ無期になる場合の社内キャリアパス（モチベーションの維持向上）

また、契約期間が無期になるということは、本人が退職の意思表示を示す（自己都合退職）、会社が一方的に雇用契約を解除する（解雇）、会社と本人の合意による退職、死亡退職とならない限り、雇用契約が続くことになります。

したがって、定年を定める必要があります。もし定年が60歳だとすると正社員同様、原則として本人が希望すれば、65歳まで雇用できる制度を設けなければなりません。

限定正社員制度と働き方改革

２０１８年問題の対応策として、新たに限定正社員制度を設ける場合、これを正社員にも認めるか否かも検討します。

すでに、正社員の職群として、全国型、地域型などのエリアに関する区分がある場合でも、限定する内容（時間や職務等）により別コースとなる場合は、より多様な働き方が選択できるようになります。

就業規則の改定

無期転換制度を設ける場合、申出や手続、転換後の処遇、定年の定めなどについて、就業規則に定める必要があります。

すでに有期雇用者用の就業規則がある場合、無期転換制度に関する部分を追加するといったやり方もあります。しかし、有期雇用者に定年まで契約更新されると誤解される可能性もありますから、無期転換後の労働者に適用する就業規則を設けることをお勧めします。

POINT

いわゆる「2018年問題」(5年を超える有期雇用者の無期雇用への転換)への対応を、「働き方改革」の第一歩と考えよう。

6

非正規雇用社員の「働き方改革」②「同一労働同一賃金」の問題

非正規雇用の現状

正社員以外の雇用者（契約社員、パート、アルバイトなど）、いわゆる非正規雇用の労働者数は、1994年（平成6年）には労働者数の2割程度でしたが、20年後の2014年（平成26年）には約4割まで増加しています（図表8参照）。

さらに非正規雇用者の内訳を見ると、パートとアルバイトが全体の7割を占めていることがわかります。

図表8 非正規雇用者の急増

正規雇用と非正規雇用の割合

	正規 雇用者数	非正規 雇用者数	非正規 雇用者割合
1994年 (平成6年)	3,805万人	971万人	20.3%
2014年 (平成26年)	3,278万人	1,962万人	37.4%

2014年(平成26年)非正規雇用者の内訳

	非正規雇用者	割合
パート	943万人	48.1%
アルバイト	404万人	20.6%
派遣社員	119万人	6.1%
契約社員	292万人	14.9%
嘱託	119万人	6.1%
その他	86万人	4.4%

出所:総務省「労働力調査」

国が考える非正規雇用の課題

かつて「日本総中流社会」などと言われていた時代もありましたが、非正規雇用者が労働人口の約４割を占める現在では状況は様変わりしています。

非正規雇用者は、給与水準が正社員と比べて低い、給与が上がらない、賞与がないなど、収入面において正社員との格差があるため、生涯賃金のカーブもほぼ変わらず、生活保護受給者の増加等にも影響しています。

また、非正規雇用者は、企業において教育訓練を受ける機会もあまりなく、キャリア形成への影響が転職活動に影響するといった具合に、非正規雇用から抜け出せない悪循環となるケースも多く見受けられます（図表９参照）。

国が推進する多様な正社員制度（限定正社員制度）は、二極化の緩和策として正社員と非正規の中間に位置づけられる制度として、収入や教育の底上げを目指すものです。

図表9　非正規雇用から抜け出せなくなる悪循環

いわゆる正社員

雇用が安定し、職業能力開発の機会や相対的に高い賃金等の処遇が得られる一方で、職務や勤務場所の変更があり、時間外労働を前提とした長時間労働がみられる。

働き方の「二極化」　↕　「格差の拡大」（収入・教育）

非正規雇用の社員

職務内容や職務の変更の幅が狭く、勤務場所は同一で時間外労働は少ない一方で、有期労働契約の反復更新の中で雇止めの不安を抱え、職業能力開発の機会はほとんどなく、相対的に低い賃金で昇給の機会も少ない。

「同一労働同一賃金」ガイドライン

雇用形態が多様化するなかで、雇用形態による待遇や雇用の安定に格差が生じていることについて、格差の固定化とならないよう、その状況を是正することなどを目的として、2015年9月16日に「同一労働同一賃金推進法」が制定され、そして、この法に基づき話題の「同一労働同一賃金のガイドライン（案）」が策定されています。

このガイドラインに法的拘束力はありません。ただし、今後はこのガイドラインに沿って、関係法令の改正が検討される予定ですから、内容を意識せざるを得ません。

ガイドラインの趣旨は、職務内容や異動の有無・範囲の違いによる待遇差（均衡）は認めるが、これらに関係のないもの（福利厚生、慶弔、通勤手当、安全衛生など）は待遇差を認めない（均等）といったものです。

正社員の人事制度では、職能資格制度から役割や職務を基準とした制度に移行しながらも、昇格人事や昇給において一部年功的・温情的な運用が残っている企業が多く見受けられます。一方、非正規雇用者においては、仕事基準により賃金決定していることが多いようです。待遇決定の実態は、「正社員は人基準」「非正規雇用者は仕事基準」と言えます。今後は、このような雇用形態を理由とした待遇差は、「正社員」という身分に安住するぶら下がり正社員の温床になりかねません。

「働き方改革」の趣旨に沿って全員が活躍する企業となるには、雇用形態ではなく職責や異動など、仕事を基準とした待遇決定が行われる制度を構築することが必要です。

非正規雇用者の均衡待遇・均等待遇に関する法規制

非正規雇用者に直接関係する法令はガイドラインに先行して、「非正規雇用者と正社員の待遇を不合理に相違させてはならない」といった規制を設けています（図表10参照）。

POINT

「同一労働同一賃金」は国の進める「働き方改革」の主要テーマの1つ。今後の関連法改正の動きを注視しよう。

図表10　非正規雇用者に関する法規制

法律	内容
労働契約法	〈第20条（不合理条件の禁止）〉 有期労働であることを理由に、有期労働契約者の労働条件を無期労働契約者の労働条件と不合理に相違させてはならない。 【不合理の判断要素】 ●職務の内容および当該業務に伴う責任の程度 ●当該職務の内容および配置の変更の範囲 ●その他の事情
パート労働法	〈第８条（短時間労働者の待遇の原則）〉 パート労働者と社員の待遇の相違は、職務の内容、人材活用の仕組み、その他の事情を考慮して不合理であってはならない。 〈第９条（差別禁止）〉 ●職務内容および当該業務に伴う責任の程度 ●人材活用の仕組みと運用（転勤、配置、昇進等）が社員と同じ場合、パート労働者であることを理由に、賃金の決定、教育訓練の実施、福利厚生施設の利用その他の待遇について、差別的取扱いをしてはならない。
派遣法	〈第30条の２（派遣元による待遇確保措置）〉 賃金の決定にあたり、同種の業務に従事する派遣先の労働者・一般労働者の賃金水準や派遣労働者の職務内容や成果、経験等に配慮しなければならない。教育訓練・福利厚生の実施等についても賃金同様に配慮しなければならない。 〈第40条（派遣先による適正な派遣就業の確保）〉 同種の業務に従事する派遣先社員の賃金水準を派遣元に情報提供すること、業務遂行に必要な教育の実施等について配慮しなければならない。

7 テレワーク導入の留意点

働き方実行計画におけるテレワークの取扱い

これまで社員が職場以外の場所で働く場合は在宅勤務が中心でしたが、近年はインターネットの普及と発達により、ネットワークを介して在宅に限らず、カフェや移動中の交通機関、サテライトオフィスなどあらゆる場所での勤務可能となり、これらの総称として「テレワーク」という言葉が使われるようになっています。

国はテレワークを、「パソコンなど情報通信技術（ＩＣＴ）を活用した『場所』や『時間』にとらわれない柔軟な働き方」としています。

テレワークは雇用形態によって「雇用型」と「非雇用型」に分類できます（図表11参照）。

働き方実行計画におけるテレワークの取扱い

国は、多様な人材の能力発揮にテレワークの普及が必要であるとする一方で、就業実態が見えにくいことから、労働者の健康確保に留意しつつ普及促進を図るとしています。

また、テレワークの導入に際して、企業がその運用に困らないよう、現在のガイドラインを刷新し、労働時間の管理方法や事業場外みなし労働時間制を活用できる場合の条件を明確化するとしています。

テレワークの目的や効果

テレワーク導入の目的は、情報通信機器を活用した柔軟で多様な働き方に変革する

図表11 テレワークの分類

①雇用型（事業主と雇用関係にある働き方）

種類	内容
在宅勤務	自宅で情報通信機器を活用して仕事をする働き方
モバイルワーク	外勤中（カフェ、移動中の交通機関等）において情報通信機器を活用して仕事をする働き方
サテライトオフィス	メインオフィス以外に設置した部門共有型のオフィスで情報通信機器を活用して仕事をする働き方

②非雇用型（請負契約等に基づく自営的な働き方）

種類	内容
在宅就業／在宅ワーク	請負契約に基づき、情報通信機器を活用してサービスの提供を在宅形態で行う働き方（テープ起こし、ホームページの作成など）

図表12 企業と社員にとってのテレワークの導入効果

企業	●仕事の生産性向上、時間に対する意識改革 ●優秀な人材の確保（柔軟かつ多様な働き方） ●BCP対策（災害時等の事業継続） ●企業イメージの向上、CSRの推進（ワークライフバランスの推進） ●オフィス賃料や通勤手当等のコスト削減
社員	●育児介護や病気と仕事の両立 ●通勤困難者等の就業機会の増加（障害者、高齢者） ●自分の仕事に集中できることによる生産性の向上 ●通勤時間の削減による自由時間の確保

ことにより、生産性の向上や創造性の発揮、ワークライフバランスの推進を実現させ、企業の発展を目指すことです。

導入効果としては、企業と社員それぞれに図表12のようなものがあります。

導入する場合の検討事項

テレワークを導入する場合には、①労務管理、②情報通信、③執務環境について検討する必要があります。

①労務管理

図表13のとおりです。

②情報通信

セキュリティ（情報漏洩対策）、通信インフラ（契約者、費用負担など）、会議参加方法などについて事前に決める必要があります。

図表13 テレワーク導入時の労務管理上の注意点

時間管理	通常の所定労働時間制、事業場外みなし労働時間制、フレックスタイム制、裁量労働制のいずれも利用可。
労災	業務起因性、業務遂行性の要件を満たせば労災対象に。私的行為が原因なら業務上災害とは認められない。
評価制度	テレワークの利用頻度が高い場合は、成果重視型の評価制度も検討。週1～2日程度なら出張や外出と同じ。制度改定の要否は検討。

③執務環境

在宅勤務の場合、業務に集中できる環境にあるのかどうかも重要で、家族と同居している際は居住スペースの一部が仕事場になること、仕事時間は静かにしてもらうなどの協力を得ておくことも必要です。また、最低限オフィスとして機能する机や椅子などの準備も必要です。その他、どのように業務の進捗管理を行うかも事前に決めておきます。

モバイルワークの場合、業務に向かない場所もありますから、活動エリアが限定できる場合はモバイルワーク用のスペースを提供するサービスも出ているようですから、必要に応じて検討します。

テレワークと「働き方改革」

オフィスで働くということは、場所や時間帯が決められた中で仕事をすることです。テレワークを導入するにあたり、どのような働き方をするかにより、場所や時間帯、場合によっては時間数の制約をなくすことができます。

ここでもまだ型にはまった「働き方」にこだわるのか、働き方より仕事の結果を重視するかにより、テレワーク導入の効果は様々になると思われます。

何のためにテレワークを導入するのか、自社の目的を明確にしたうえでテレワークを活用した働き方を検討するべきです（図表14）。

テレワークを導入する際の留意点

テレワークを導入する際の留意点としては、次のようなものが挙げられます。

図表14 テレワークによる様々な働き方

働き方（労働時間制）	内容	場所の制約	時間帯の制約	時間数の制約
所定勤務時間制	オフィス勤務者と同じ時間帯・時間数で就業	なし	あり	あり
時差勤務制	所定の勤務時間帯を前後にずらして就業	なし	一部あり	あり
事業場外みなし	●随時、業務の具体的な指示を受けないことなどを条件に労働時間をみなす制度 ●現ガイドラインでは在宅勤務のみ適用可	なし	なし	なし
フレックスタイム制	●始業／終業時刻を自分で決められる制度 ●月の所定労働時間を超えたら時間外労働	なし	なし	なし
裁量労働制	●業務の性質上、遂行手段や方法、時間配分について裁量があり、労働時間はあらかじめ決めた時間をみなす制度	なし	なし	なし

①まず試験的に導入し、その後に範囲を拡大する

労働時間の把握や業務管理、連絡手段など、導入してから見直しを行うこともあるはずです。最初は導入範囲を限定して、運用方法などが確定してから範囲を広げることを検討しましょう。

②育児介護者の中抜け時間対策

育児や介護をしている社員の場合、自宅などで育児介護をしている時間は仕事ができないため（いわゆる中抜け時間）、働く時間帯が決められている場合、その穴埋めは深夜の時間帯になることが多くなります。深夜労働が恒常化しないよう対策を講じることも必要です。

働く時間帯を決めず、在宅のフレックスタイム制を導入すれば、時間のやりくりが自由になり、精神的な負担も軽減されるものと考えられます。ただし、この場合でも、中抜け時間の事情が恒常的なものであるとすると、短時間の在宅フレックスタイム制にしない限り、深夜労働の問題は解決できないかもしれません。

③深夜労働の時間把握

みなし労働時間制（事業場外、裁量労働）を導入した場合でも、深夜労働に対する割増賃金の支払いは必要となりますから、深夜労働の時間を把握することが必要です。その他の時間制（所定、時差、フレックス）は実労働時間の把握が必要です。

④健康確保措置

深夜勤務を含め、社員の健康確保措置の観点からも、労働時間は適正に把握するようにしなければなりません。

POINT

働く場所を問わないテレワークは、「働き方」を大きく変える分、労務管理上の問題が多い。段階的導入からスタートすることがお勧め。

8 外国人従業員が活躍できる会社に

働き方改革と外国人材の受入れ

日本にいる外国人労働者はすでに100万人を超えています。グローバル化の進展や少子高齢化による労働力人口の減少といった観点から、外国人材に活躍してもらうことも重要な課題となってきました。

2016年（平成28年）9月27日に開催された国の「第1回働き方改革実現会議」において、「働き方改革」の9つの項目が掲げられましたが、外国人材の受入れはその一つとなっています。

外国人材のうち高度専門分野の人については、日本経済の活性化に寄与することから国も積極的に受け入れる方向で進んでいます。一方、高度専門分野と評価されない分野の外国人材については、経済的効果の検証のほか、日本人の雇用環境や産業構造への影響、教育、治安など幅広い観点から、国民的コンセンサスを踏まえ検討すべき問題と認識されています。

外国人材の活躍には人事制度の見直しが必要

以前に比べると年功的な人事制度は少なくなっているものの、運用上の基準が明確でない部分も多く、外国人材からは理解されない面が多くあります。

そもそも、日本人と同じように評価されるのかなど、不安に思っていることもあります。人事制度の概要や評価の基準、賃金などへの反映方法について丁寧に説明しましょう。

日本の若年層では、一定数は安定志向が強い傾向にあります。また、受け入れ側の企業、特に大企業においては、未だ新卒一括採用の長期雇用システムを維持しています。これは日本独特の雇用システムであり、特定の企業にこだわらず、自分のキャリアアップと成果に応じた賃金を求める外国人材から見ると、長期的な育成と段階的な賃上げでは、スピード感がなく魅力を感じない制度と映るようです。

制約のない「働く型」で賃金が決まる制度は、彼らにとっては、合理的でないためまったく理解できず、仕事を基準とした成果で処遇が決まらないことに納得がいかないのです。

「あうんの呼吸」「言わなくてもわかる」「上司の背中をみて仕事を覚える」といった日本では美徳とされるような風習も、外国人材から見るとまったく理解できないものであることを日本企業は理解して、透明性・公平性のある制度に改革することが求められています。

日本特有の「あうん」の文化は通用しない

多くの日本企業では、「このくらいは言わなくてもわかるだろう」といった感覚で、指示事項のみ伝達することがまだまだ一般的ではないでしょうか。これは人材育成にもかかわることですが、「なぜこの仕事が必要なのか」「なぜこのやり方でやらなければならないのか」といったことを説明することは重要です。

最近は日本人でさえ、世代間の価値観の違いから、一方的な命令に対してすぐ「パワハラ」だと言われるような時代です。文化の異なる外国人材との間では、仕事の目的や理由の説明は、業務上のコミュニケーションとして必要不可欠です。

お互いの違いを知り、認め合う

外国人材が配属されると、コミュニケーションをとろうとするあまり、相手のことを知りたいと思うことはよいのですが、質問攻めにすることがよくあります。これでは相手は戸惑ってしまいます。

外国人材の不安は、言葉の壁と文化・習慣の違いです。まず、会社や職場の説明をすることは当然ですが、日本の文化や習慣について説明した後に、相手の国の文化・習慣を聞き、お互いの違いを知り、認め合うことが異文化コミュニケーションの大切なポイントです。

お互いを認め合うところからはじめ、いろいろな意見交換ができれば、発想の転換や業務の改善などにつながります。

POINT

職場における外国人社員との協働は当たり前の風景に。仕事や労働に関する価値観の違いを見据えた制度づくりが必須である。

9 副業・兼業解禁の留意点

副業・兼業容認化の背景

現時点で副業・兼業を認めている企業はごく少数だと思われます。しかし、政府が進める「働き方改革」では、副業・兼業について「原則禁止」から「原則容認」に転換し、副業や兼業が法的にも容認されるようです。

原則容認に転換したのには、2つ理由があります。

1つは、年収の減少や将来の年金不安などに対する備えとして副業・兼業を希望する社員が近年増加している一方で、これを認める企業が少ないこと。

もう1つは、企業にとっても、社員に副業・兼業をさせることで、新たな技術の開発、オープン・イノベーション、起業の手段がわかる、第2の人生の準備といったことに有効であるとの認識からです。

副業・兼業とは

現在の労働基準法に、副業や兼業の定義や禁止規定は設けられていません。一般的に副業・兼業とは、正社員なら始業前・終業後または休日に他社で勤務、他社の役員への就任、委託請負で仕事を受けることなどが該当すると考えられ、非正規社員なら複数の勤務先をかけ持ちすることが該当すると考えられます。

憲法上は職業選択の自由があり、副業・兼業は全面的に禁止できるものではなく、就業規則で明確に禁止されている場合であっても、本業に悪影響（疲労による業務効率の低下、遅刻・欠勤の増加など）を生じさせたり、副業・兼業の内容が本業と競合したり、副業・兼業が会社の社会的信用を貶めるようなことがないかぎり、一律に禁じることはできないとされています。

働き方改革実行計画における副業・兼業の取り扱い

「働き方改革」では、副業・兼業に対するスタンスとして、新たな技術の開発、オープン・イノベーションや起業の手段、そして第2の人生の準備として有効であるという考え方のもとに普及を図っていくことが重要としています。

また、私生活上のネットワークを活用した起業やインターネットを活用した個人事業主としての副業・兼業を希望する人が近年増加している一方で、副業・兼業を認める企業が少ないため、労働者の健康確保に留意しつつ、原則、副業・兼業を認める方向で普及促進を図るとしています。

さらに副業・兼業の推進に向けたガイドラインを策定し、就業規則などにおいて本業への労務提供や事業運営、会社の信用・評価に支障が生じる場合など以外は、合理的な理由なく副業・兼業を制限できないことをルールとして明確化することなどが検討されています。

副業・兼業のメリット・デメリット

経営者にとって、社員が副業・兼業することのメリットとデメリットとしては次のようなものが挙げられます。

①メリット

・副業・兼業を通して得た新たな人脈による新規取引の拡大の可能性がある
・副業・兼業を通して得た新たな人脈や経験が新規事業の発掘やヒントになる
・副業・兼業を通して修得したスキルやノウハウが本業に還元される
・趣味などを活かした副業が社員の気分転換やモチベーションの維持につながる

②デメリット

・情報漏洩のリスク……副業・兼業先が競業他社や競業の自営であったり、競合への転職活動の準備である場合は企業情報の漏洩リスクが高いこと

・時間外手当の支払い……前の勤務先での労働時間によっては割増賃金の支払いが発生する
・副業・兼業先における労働時間の把握……副業・兼業先の労働時間がどの程度あるのか把握することが難しい、自社だけでは正確な時間を把握できない
・民事上の問題（安全配慮義務）……収入アップを理由に副業・兼業する人の場合は長時間労働になりやすいが、会社が副業・兼業を認めているとなると、その状況についてまったく知らなかったとは言えず、自社のコントロールが効かないところでリスクが生じる
・誠実勤務義務の不履行……副業・兼業先での勤務過多により本業に差し障りが出てくる可能性がある、本業の就業時間中に副業・兼業先の業務を行う可能性がある

副業・兼業を認めた場合の影響

兼業・副業を認めた場合、労務管理上、次のような問題点が出てきます。

①労働時間の通算と時間外手当の支払義務

副業・兼業に係る労働時間の通算について、現行の労働基準法では「事業場を異にする場合も通算」するとされています。行政通達によれば、この「事業場を異にする」とは、事業主が異なる場合も含まれるとされています。

したがって、1日に複数の勤務先で勤務する場合、8時間を超えて勤務している先で時間外割増賃金の支払い義務が発生することになります。

会社が副業・兼業を認めず、内緒で副業・兼業を行っていた場合は、8時間を超えていても請求することはできませんでしたが、会社が認めている場合は通算による時間外手当の請求が行われることも想定されます。

②労働時間の把握や管理

副業・兼業先での労働時間をどのように把握・管理するかも許可にあたっては重要な検討事項の一つです。本人の申告をそのまま鵜呑みにすることはできませんから、副業・兼業先から情報を提供してもらう、または本人の申告内容に対して証明してもらうなどの対応が必要と考えられます。

副業・兼業を認める場合の検討事項

副業・兼業を認める場合に検討すべき事項は次の6点です。ただし、実行計画によると、「本業への労務提供や事業運営、会社の信用・評価に支障が生じる場合等以外は、合理的な理由なく副業・兼業を制限できないことをルールとして明確化する」とありますから、許可基準を設ける際は注意しましょう（図表15）

副業・兼業導入後の手続や管理

副業・兼業を会社として認める場合、次のような手続や管理を行うことになります。

①手続

前述した副業・兼業のデメリットを勘案すると、必要な情報が記載される許可申請書を提出させ、その内容を会社が検討したうえで、副業・兼業を承認する方法が考え

図表15　副業・兼業を認める場合に検討すべき事項

検討事項	具体例
❶目的の明確化	×転職準備、×競業起業または起業の準備 △収入増、○スキルアップ
❷認める業務の明確化	×競業、○無関係の業界 ×会社の信用に支障が生じる事業 ○予定する新規事業の業界
❸認める対象者の範囲	役席者は情報漏洩の観点から禁止 中堅未満（勤続○年未満）は本業専念のため禁止
❹認める期間や報告	繁忙期は禁止または自社業務を優先する、有効期間１年、原則月１回報告
❺認める日や時間	自社の勤務時間を考慮し、週や月の上限時間を設定 自社の就業日に副業勤務する場合は１日の上限時間を設定（１日〇時間以内）
❻勤怠情報の報告	労働日や労働時間の報告方法を決める
❼誓約書の提出	許可申請時の条件遵守、守秘義務、必要なら副業先に連絡すること、違反があれば許可の取消 就業時間中に副業・兼業先の業務は行わない等
❽その他の事前報告	副業・兼業先の変更、就業条件の変更、職務内容の変更

られます。

②管理

副業・兼業を認めた場合でも、有効期間を設定し、申請内容通りの勤務になっているか、許可に際しての順守事項が守られているか、本業への影響がないかを確認して、許可の継続について定期的に確認・判断することが必要と考えられます。

POINT

副業・兼業の原則容認への動きは、企業にとって労務管理面をはじめ、未知の部分が大きいテーマであり、慎重に推移を見守るべきである。

第5章

企業業績に貢献する「働き方改革」を目指す

1

「働き方改革」で目指すべきは、会社の業績の向上と社員が健康で充実した時間を過ごすこと

受け身ではなく、〝チャンス〟ととらえるべき

　ここまでお話ししてきたとおり、人口減少により必要となる労働力確保と生産性向上には「働き方改革」を断行することが必要であることは、おわかりいただけたものと思います。また、「働き方改革」を実現させるためには、多様な職種や年齢、性別の違いがあっても、個々の労働者にいろいろな制約があっても、役割に応じた責任を果たし活躍してもらわなければならないこと、そのためには長時間労働の抑制も重要であることもご理解いただけたものと思います。

日本は、多様性の推進や生産性向上において、先進諸外国と比較して少し出遅れ感があることは否めません。関連法を整備して改革に取り組むことは重要な課題であることは間違いありません。

それであれば、経営者としては、この「働き方改革」に対し、受け身ではなく、自社の業績の向上をめざすためのチャンスととらえるべきです。

社員が健康であることは生産性の向上に寄与する

現時点で「働き方改革」の目玉となっている「時間外労働の削減」は、社員の健康管理に少なからず効果を発揮するものと思われます。100時間を超える時間外労働が横行していた時代には、時間外労働過多を原因とする精神疾患がやはり数多く発生していたに違いありません。昨今の調査や労働安全衛生法の整備により、過重労働が健康に与える因果関係が明らかになりつつあります。

精神疾患者が発生すると、職場では当人の休職を認めざるを得ないこととなり、代替要員の確保や教育、当人の休職の手続きや復職へ向けての準備など、多額のコストと時間を費やすことになります。思った以上に非生産的な作業に手間取ります。

そのような状況になる前に、平日にきちんと睡眠時間が確保でき、適度な有給消化によって社員がリフレッシュできれば、大いに健康に寄与していると言えるでしょう。すぐに目に見える効果とはなりにくいですが、自然に疾患者の減少につながります。そして、社員の多くが健康でいることは、必ず会社の生産性に寄与します。

すべての社員のモチベーション維持のために

「働き方改革」においては、多様な働き方にも改善を求められています。

会社は、正社員はもとより、有期労働者、定年後の再雇用者、パートタイム労働者、派遣労働者など多種多様な社員の集合体でもあります。会社で働くすべての社員が、安定したモチベーションを保ちながら働けることが重要です。今まで正社員だけに対して評価制度を導入していた会社は、これを見直す必要があります。評価は現在働くすべての社員に対して行うべきです。「再雇用者は並列だからもう評価をしない」では紛れもなく年齢による差別です。

また、今の時代に「女性は管理職にならない」と思っている会社は皆無でしょうが、男女についても根強い差別があるものです。パートタイム労働者やその他の短時間勤務労働者もこれからは貴重な労働力になります。

ただでさえ処遇が劣る非正規社員に対しては、少なくとも福利厚生面などについては差別をしないことが求められます。しかし、現実には社員食堂の利用を非正規社員には認めなかったり、正社員には支給する食費補助を非正規社員に出さないなどのケースが多く見受けられます。他にも、正社員には通勤手当を青天井で支給するのに、パート社員には支給しないなども改善の余地があります。

「働き方改革」は、多様な働き方を積極的に認め、差別のない制度を作ることも改革要件のひとつとしています。すべての社員がモチベーションを維持して働けることは、必ず生産性の向上に寄与し、ひいては会社業績の向上につながります。

不要な休日勤務よりも健康維持・刺激を受けるための休息

多様なサービスや商品が求められる現在では、休まず働けば業績は必ず向上するという時代ではなくなりました。日々の時間外労働をどうにか削減しても、1日休日出勤をすれば通常は8時間程度の時間外労働となります。

また、連日仕事に明け暮れるのではなく、時には仕事と離れてまったく別の活動をすることは決して無駄にはなりません。日本人は仕事の時間とその他の時間のスイッチの切り替えが下手だと言われます。

今後は不要な休日出勤を極力制限し、休息の時間を確保できるようなシステム作りが必要です。

POINT

企業にとっての「働き方改革」の目的は「業績の向上」である。そのためには社員の健康とモチベーションの維持がポイント。

2 「働き方改革」導入における、経営トップ、人事、部署の中間管理職、それぞれの役割

経営トップの役割　～明確な方針の表明～

「働き方改革」は、「働き方」という言葉のイメージから人事マターの問題と誤解されやすいのですが、これは経営課題の一つであることに間違いありません。

「働き方改革」の成否は、経営トップがこれを経営課題であることと認識し、「会社として本気で取り組む」ということを経営トップのメッセージとして発信することが、改革の一歩となります。

また、ワークライフバランスや女性活躍推進、健康経営などにも言えることですが、

この類の新しい施策は、世間で注目されているときだけ取り組むが、ブームが終わると同時に会社の施策からいつの間にか消えている、または形骸化しているといったことがよくあります。

「働き方改革」については、企業の存続にかかわる重大施策であることをトップは絶対に忘れてはなりません。これが生産性向上を指す言葉だとすれば、「働き方改革」は永遠の経営課題と言えます。

人事部門　～会社全体の推進役となる組織～

大企業であれば、「働き方改革」推進の専門部署を設けるところですが、これはもちろん人事総務部門の役割です。一時的な取り組みに終わらないよう、改善改革のPDCAサイクルが継続して行われるような仕組み作りが必要です。そして、何よりも、旗振り役である人事部門のメンバーには、何としても自社の「働き方改革」を成し遂げたいといった熱い思いのある人材を集めるべきです。

また、経営トップの方針が明確かつ浸透していれば、現場からの抵抗なく、人事総務部門が各職場の取り組みに対してアドバイスを行うことやサポートすることができます。

部署の中間管理職 ～推進役となるポジション～

いくら経営トップが本気で取り組むと方針を唱え、人事総務部門が先頭に立って音頭をとって具体的な施策を示したとしても、現場の管理職の協力がなければ働き方はまったく変わりません。なぜなら、日々の業務は各職場で確立された業務フローに則して進められており、その業務運営は中間管理職が担っているからです。

現場のリーダーである中間管理職が「働き方改革」の趣旨を理解し、業務の一つとして取り組まなければ、組織全体の働き方を変えることはできません。

「業務フローの改善」が叫ばれていますが、そのフローの何が問題で、どのように具体的な解決策を模索するかとなると、業務をよくわかっている中間管理職でなければそもそも問題に気づくことさえできません。また、業務分担や進捗状況に応じた柔軟な組織運営をすることも、業務をよく理解しているからこそ可能な対応です。

中間管理職には、「働き方改革」において、率先してノー残業デーに定時退社したり、年休を取得することも求められますが、何よりも期待されているのは、業務改革と組織改革を実際に前に進めることです。

「働き方改革」の推進エンジン役を担うのは、経営陣であり人事総務部門ですが、中間管理職の貢献があってこそ実際に改革を前に進めることができるのです。

「働き方改革」に建前と本音はない！　～建前＝本音の使い分けはＮＧ～

いくら経営トップが、働き方改革のメッセージを何度も伝えても、中間管理職が職場で目的や目指すべき目標を語っても、「そんなこと言っても、自分たちが若い頃は」「残業しなければ売上が伸びない」など、公の発言と異なる本音がポロッと出るだけで、一瞬にしてすべてが台無しです。社員にしてみれば、その一言を聞いただけで「やっぱり会社の本音は違うのだ」と思うことでしょう。そうなってしまえば、何をやってもやらされ感が出てしまうものです。

年代的に会社にいるのが好きな人、所定労働時間で帰ることが悪いと思っている人たちに対して、担当部門が本音でぶつかり、個人的な納得は得られなくても、改革が必要であることを理解してもらうプロセスは絶対に設けるべきです。特に経営層と管理職は一枚岩でなければ改革は断行できません。特に「働き方改革」を特別プロジェクト的な位置づけで運用している間は、「俺の時代は」的な言葉は〝禁句〟としましょう。

POINT

「働き方改革」は、経営者、人事部、中間管理職が、それぞれの役割を果たさなければ成功は覚束ない。

3

「働き方改革」を業績向上に結びつけるためのステップと注意事項

明確な経営トップの方針表明（目的の明確化）

時間外労働の抑制は数値で示すことができます。しかし、「ワークライフバランス」や「ダイバーシティの推進」などといった抽象的なテーマの場合、建前論的な取り組みをするに留まり、本質的には何も変わっていないということはよくあるものです。

「働き方改革」を経営改革として取り組むには、自社の「働き方改革」を明確に定義し、次のような「達成後の状態を具体的にわかりやすい」方針として示すことが重要です。

・会社はどうなりたいのか
・社員にはどうなってほしいのか
・改革の成果をどのように業績や競争力に結びつけるのか

また、「働き方改革」の取り組みが開始されれば、社内で「働き方改革」という言葉が飛び交います。役員及びすべての社員が、「働き方改革」の意味、自社の目的、自社が改革として取り組む事項について、同じ認識を持っていなければ、取り組みはうまく行きません。これが改革の成否を分ける最初の分かれ道です。

たとえば、「当社の〝働き方改革〟の目的は、人口減少が進んでも、当社で働くすべての従業員が健康で活躍することにより、会社が継続して発展することです。このためには、人材の確保・定着と生産性向上を進めることが必要であり、具体的な〝働き方改革〟としては、次の施策（これが「働き方改革」として明示するもの）に取り組みます。」というような内容を全社的に浸透させることが重要です。

推進役となる組織を決める

大企業であれば専門部署を設けるところですが、これはもちろん人事総務部門の役割です。一時的な取り組みに終わらないよう、改善改革のＰＤＣＡサイクルが継続して行われるような仕組み作りが必要です。

また、トップの方針が明確かつ浸透していれば、現場からの抵抗なく、人事総務部門が各職場の取り組みに対してアドバイスを行うことやサポートすることができます。

働き方の実態把握

改革としての取り組み事項を決めるには、最初に自社の実態を把握します。ここでは働き方の実態だけでなく、業務も合わせて実態を見える化し、社内で共有・検討のうえ、取り組むべき課題の見える化を図ります。

・働き方の実態（時間外労働・ノー残業デー・年休の状況など）
・働き型（雇用形態や人事コース）の実態（雇用形態別の役割や責任の程度などの仕事のレベル感、転勤の有無や人事異動の範囲、評価制度の有無や内容、給与の決め方など）
・業務の実態（量的増減・質的増減、外部環境）
・業務の見える化（業務フローのわかるマニュアルの有無・整備状況）

改善ノウハウの共有化

改善効果のあった取り組みは、すぐに公表・共有化します。その取り組みを取り入れられる職場や業務にはすぐに導入し、定着化を図ります。

そして、その功績に応じて表彰を行うなど、業務改善や生産性向上を全社的な取り組みとして定着させることが重要です。

生産性の向上は業務の一部として取り組む

時間外労働の削減がうまく行かない理由は、これが業務以外の取り組みであると捉えられていることにつきます。

また、生産性向上に終わりはありません。仕事をする限り、生産性の向上は継続して行われなければならないことです。業務として取り組み続けることで、社員のマインド改革にも効果があります。業務として取り組むとなれば、当然ながら評価の対象とすべきことは言うまでもありません。

〝行動〟や〝体験〟からしか社員の意識は変わらない

これまでの働き方に対する固定概念と違う新しい働き方、期待される働き方を理解・浸透させて、社員の意識改革を行わないと、いつまでたっても形ばかりの取り組みに終わってしまいます。

経営方針の一部として、事あるごとに「働き方改革」に関するメッセージを言い続けること、有効な施策の全社展開、取り組みとその成果に対する情報公開・適正な評価、評価に基づく賃金反映など、これら一連のサイクルが回り続けることが、社員の意識改革につながります。

スローガンを掲げるだけでは、人は簡単には変わらないことはみなさんもご存知のはずです。しかし、人の性格や性質は変えられなくても、「行動」を変えることはできます。そして、人は体験したことがうまく行くと腑に落ちたり、行動の定着化につながります。

社員は残業代の減少に消極的？

時間外労働について生活残業化している場合や、生活残業を意識していないまでも残業代込みの給与額をベースに生活することが当たり前になっていることはよくあるものです。

このような場合、「働き方改革」の取り組み＝給与減額となるため、目的は理解しつつも、一部の社員にとってはモチベーション低下要因になることが予想されます。こうならないよう、生産性が向上したことに報いる制度や仕組み作りが求められます。

「労働の質の改善」を評価する人事制度に

「働き方改革」の目標に沿って、時間外労働の削減、働きやすくなったといったことが実現された場合、どのように評価され、その結果が何に反映されるのか、その仕組みを明確にする必要があります。

やはり、評価の結果を何らかのかたちで賃金に反映させないと、取り組みの効果は期待できないものとなるでしょう。

多くの会社が導入しているMBO（目標管理制度）はまさにアウトプット（成果）を評価する制度であり、「働き方改革」と矛盾しないようにみえます。ところが、生産性の指標を加味していないのではないでしょうか。

会社が求めているものが、生産性と成果物の付加価値の両方を高くすることであるとすれば、問題は生産性の高さを測る評価基準です。今後は、インプットの部分（仕事のやり方）についても評価基準を定め、生産性が評価される仕組み作りが必要となります。

POINT

「働き方改革」は建前的なスローガンだけでなく、実際の行動や体験を通さなければ、社員の意識は変わらない。

4
「働き方改革」具体的な取り組み事項

時間外削減・効率化推進の留意点

時間外労働の現状把握の後は、要因の特定・解消や効率化の推進となりますが、そのポイントは次のとおりです。

①具体的な改善行動がとれるよう言葉の定義を明確にする

実際に「働き方改革」を進めるにあたり、時間外労働の削減の他に、もっと業務を効率化できないか、時間がかかる要因は何かと考えていくと、ムダ取りや仕事のダイエット的な取り組みが行われると思います。

このような取り組みを行う場合、「効率化とは何か」「ムダとは何か」という定義を明確にしておかないと成果は上がりません。

〈例〉当社での「ムダ」とは

□業務のムダ：目的不明、使用なし、頻度少、重複、加工過多など

・使用目的が明確でない、活用されていない資料作成はムダ

・保管目的のファイリングに詳細なインデックスをつけるのはムダ

□状態のムダ：重複、手待ち、やり直し、トラブル対応など

・結論が出ない会議に30分以上時間をかけるのはムダ

・書類やデータを探す時間（原因は会社・職場の仕組み、個人の整理）

・各部門で内容が重複する月次資料の作成はムダ

□時間のムダ：その時間をなくしても業務上の代替手段がある時間

・TV会議や電話会議で済む内容の打合せのための移動時間

・報告書やメールで読めばわかるものを会議で読み上げる時間

②前向きに取り組むための共通認識

時間外の削減や業務効率化に向けた対策が決定したら、次は組織内における共通認識の醸成が重要なポイントとなります。なぜなら組織で改善策に取り組む場合、やらされ感があっては効果を期待することはできないからです。

たとえば、「業務の効率化（時間外の削減）とは、課の業務を見える化し、各自の役割分担を明確にしたうえで、改善策に取り組むことにより、各自の業務量（時間外）を10％削減すること」など、目的・プロセス・ゴールを共有します。そして、これら取り組み、結果について評価される仕組みが必要です。

そして、捻出できた時間を「未来を創る」ことに使うことを宣言します。

業務改善

業務改善を行うには、業務プロセスと業務品質の観点から見直します。

業務プロセスの改善としては、業務の棚卸、不要な工程の削減、工程の入替、業務分担の見直しなどに取り組みます。

業務品質としては、過剰品質の有無・見直し、業務プロセスの変更による品質とのバランスなどが取り組み事項として考えられます。

計画的な社員教育の充実

効率・品質の観点で考えれば、知識・技能のある社員や経験のある社員が担当するほうが良いわけですから、社員教育を忘れてはなりません。また、定型的・補助的な業務に従事してきた社員の職域拡大を図るためにも社員教育は必要です。業務改善同様に、社員の知識・技能・スキルの棚卸を行い、不足する能力、伸ばしたい能力を明確にして、計画的に教育を行います。

また、管理職については、業務分担の偏り、業務プロセスの精査など、これまで以上に時間を意識した適切な業務管理、コミュニケーション能力の発揮が求められますから、生産性の向上を維持するために必要な教育を行います。

個人の働き方をどう変えるのか明確に

業務プロセスの改善は、簡略化・自動化・外注化など、何をどう変えるかの選択肢は明確です。一方、個人の働き方をどう変えるのかは、個人の特性もあり選択肢を体系化しにくいものです。しかし、これを明確にしないと生産性の向上に努めていたか否か、効果のほどはわかりません。

個人の働き方とは、仕事のやり方（行動・方法・ふるまい）と言えます。生産性を上げる仕事のやり方を体系化し、会社のルールとして現場に落とし込むことが効果的です。また、具体的な行動として示すことで、これが評価の基準にもなります。その他、行動が変わることで会社の風土も変わるといった効果もあります。

人事制度の見直し

時間や場所の制約がある社員でも、非正規社員でも、役割が与えられ、責任をもって仕事に取り組める制度、その働きぶりが公平に評価されて待遇に反映される制度が必要です。人口減少が進むなか、自社の人材確保・定着に向けた対策を考えれば、取り組むべき人事制度上の課題は自ずとわかるはずです。

今後、法制化が進むことが予想される「同一労働同一賃金」の推進からも、仕事基準の人事制度に移行することを検討します。

POINT

「働き方改革」は、評価の基準を明確にし、それを具体的に賃金の形で反映させないと、社員のモチベーション低下につながる可能性もある。

5

やりすぎ、考えすぎの「働き方改革」を防止

理由なく働かないことを業務より優先させてはいけない

「働き方改革」は、決して「なるべく働かない方法」の検討ではありません。時間外労働の抑制や有給休暇の取得促進を全面に出さざるを得ないところから、ややもすると「働かないこと」がすべてに優先するような錯覚に陥ることがあります。

しかし、会社は生産性の向上を追求しつつ時間外労働の抑制にも配慮しなければなりませんが、ときには時間外労働が必要な場面は必ずあります。必要に応じて柔軟な対応を心がけなければ、ただ仕事をしないことを善とする制度を作り上げてしまうこ

とになります。

同様に有給休暇についても注意が必要です。一度に多数の社員が有給休暇の取得を申し出れば、正常な業務の運営に支障を来たすことは明らかです。いわゆる使用者の有給休暇取得時季変更権が「働き方改革」で消滅することはありえないと信じます。

時間外労働が必要な場面

仕事は生き物ですから、必ずしも計画通りに進むとは限りません。予期せぬ出来事があり、やり直すことも日常茶飯事です。締め切りの日程が絶対的なものに限って事件や事故が起きるものです。「働き方改革」はこのようなケースの時間外労働までも完全に否定するものではないと思います。

時間外労働をはじめから想定した計画の立て方はいけませんが、「突発的な事件に対処するための時間外労働はあり得るもの」という認識も持っておくべきなのです。

一部の労働者は時間外労働そのものを悪であると捉えて、間に合わないことも厭わずに帰ってしまうことがあるようです。実際には、間に合わないことの理由が本人の単純な作業ミスであったという笑えない事件も発生しています。

期限のことで顧客に迷惑をかけることも避けなければなりません。つまり、時間外労働をやらざるを得ないときはやるのです。管理監督者であればなおさらのことです。管理監督者になると時間外割増賃金がもらえなくなることから、部下へ仕事を丸投げする人もいます。

これらの事象はすべて本末転倒です。「生活残業」と呼ばれる割増賃金目当ての時間外労働はもちろん問題があります。会社の正常な運営の中では時間外労働は必要な場面が必ずあります。

有給休暇を希望通りに取得できないこともある

時間外労働の削減と同時に、有給休暇の取得促進も「働き方改革」の目玉です。残念ながら日本では休暇取得率が低いのは否めない事実です。

有給休暇取得促進のためには計画的付与制度の実施や将来は時間単位有給休暇制度の導入も有効と思われます。有給休暇を取りやすい環境を整える努力は今後も継続すべきです。

しかし、ここでも例外は実存します。以前から使用者側にある「取得時季変更権」は今後も考慮されるべきものと思われます。

もちろん、時季変更を命じることができるのは「正常の業務の運営に支障のあるとき」という制限はあります。これを使って有給休暇の取得を不正に妨げることは望ましくありません。また、「優秀な社員は有給休暇を取得しない」という誤った価値観も是正しなければなりません。

しかし、本当に正常な業務の運営に妨げがあると認められるときは、申し入れた社員に取得時季の変更をお願いできることもあり得ます。

24時間働かなくとも良いのです。365日働かなくとも良いのです。有給休暇を適時取得できる体制を整えることも併せて重要な課題です。

POINT

「働き方改革」は「働かない改革」であってはならない。弾力的な運用ができるような余地を残しておくべきである。

6
知的情報の共有と「働き方改革」

風通しのよい組織をつくるには

「働き方改革」を成功に導く方策として、社内情報の有効活用が挙げられます。事業部制やそれを補完する意味で発展した社内カンパニー制度は機能しているときは非常に有効な場面もあったのですが、「働き方改革」の考え方の中では見直す必要がありそうです。

個々の部署や事業部を独立会社に見立てて会計制度を独立させることは、外資系企業などでは当然の方策でもありました。事業部同士は同一企業内に存在していてもライバル関係にありますから、情報の交錯はあり得ないこととなります。これらが「サイロエフェクト」と呼ばれる現象を引き起こし、情報的に無秩序な会社となってしまった傾向があります。

「働き方改革」は全社的な改革でなければならないところから考え方を改める必要がありそうです。

カンパニー制の限界

法的には同一企業内の組織であるにもかかわらず、会計上も独立した組織として事業部制を発展させたカンパニー制を導入した企業が多数あります。本来は子会社として独立することが望ましいのでしょうが、税法的にも経済的にも多少の問題点があります。

カンパニー制のメリットは事業部ごとの独立性を際立たせることにより、所属従業員に原価意識を持たせる意味や利益追求姿勢の浸透には必ず役に立つものと言われています。

一方、本来同一企業間であるべき有形・無形資産の共有は難しいことになります。損益を分離する必要性があることから、コピーマシンや家具などもそれぞれが個別に管理することが求められます。

さらに問題なのは、情報の共有化をしにくいところです。「働き方改革」では情報や仕事のノウハウはできる限り全社で共有すべきです。生産性の質を向上させることのひとつの方向性としても、「すべてのノウハウの共有化」という考え方は譲れません。

そもそも経営陣はその基本的な考え方や将来に向けての方向性を常時示していることが必要です。その多くは情報として共有されるべきものです。

情報の共有化のために

すべての情報が紙に書かれていた時代には情報の共有化は非常に困難でありました。このために頻繁にミーティングや会議の開催が必要であり、現在検討を進めている「働き方改革」とは相反する事象の発生となりうるものでした。会議など確実に時間を消費するものはできる限り減少させることが課題でした。

今後、「働き方改革」の一環としての情報共有化のために、次のような新しい試みが有効であると思われます。

①社内SNSの構築

個人が持つノウハウやすべての有効な知識はサーバーを経由して社内SNSに保管されるべきです。

発信の方法や情報提供の方法には一定のルールが必要でしょう。また共有されるべき情報は事業部ごとのものや、それこそ全社統一のものに分割されることも想定されます。

同時に個人情報の取り扱いには注意が必要です。従前のイントラネットとは別の対応をすべきです。

②ウェブの活用

ウェブ配信での情報の提供が可能であれば、職場以外の場所からもこれらを確認することができます。「働き方改革」の課題である「無駄な時間の削減」を直接期待できる可能性があります。パスワード設定など情報の漏えいに対する課題はあります。

POINT

「働き方改革」の実行においては、情報の抱え込み・秘匿はNG。情報の共有化を図ることで効果を出す。

7 「日本型新裁量労働制」の行方と対応

残業代ゼロ法案とは

「残業代ゼロ法案」も「高度プロフェッショナル制」も正式な名称ではありません。閣議決定された法案の正式名称は「日本型新裁量労働制」といいます。

裁量労働制そのものは日本でも長い間適用されている制度です。業務の遂行方法が大幅に労働者の裁量に委ねられる一定の業務に携わる労働者について適用されます。しかも労働時間の計算を実労働時間ではなく、みなし時間によって行うことを認める制度でもあります。

「日本型新裁量労働制」は以前からあった裁量労働制を補完する形で検討が進められています。日本型新裁量労働制では確かに残業代の計算をすることはなくなりますので、「残業代ゼロ法案」という名称は大きく的外れなわけではありません。

しかし、先進諸外国では一定の職種については、時間給的な要素からその成果自体に報酬を支払う方法に変更されつつあることも事実です。

特定高度専門業務

「日本型新裁量労働制」では法案検討時から対象業務が限定されています。具体的には次の5業務が候補です。これを「特定高度専門業務」と呼びます。

①金融ディーラー
②アナリスト
③金融商品開発
④コンサルタント

⑤研究開発

これらは現存する専門業務型裁量労働制の職種群からさらに抜粋する形で決められています。先進諸外国の「ホワイトカラー・エグゼンプション」とは異質なものと言わざるを得ません。

収入要件（平均賃金の3倍以上）

この執筆の時点では最終決定していませんが、「日本型新裁量労働制」を適用するためには特定高度専門業務に該当する者であることに加え、一定額以上の収入が見込まれる社員であることが求められます。

平均賃金の3倍以上、具体的には年収額1075万円以上と決定されそうです。この額であれば、現状はそもそも時間管理の適用を受けない「管理監督者」に該当することが多いと予想されます。しかし、同様の法案がこれまで何度も廃案となった経緯を考慮すると、ともかく導入されること自体に大きな意味があると思われます。

今後の展望と問題点

そもそも時間給的な対応では管理できない職群があることは明白です。今後も特定高度専門業務の枠が広がり、収入要件の緩和も期待されています。

しかしながら、裁量労働とは決して言えないであろう製造業、建設業、運輸業、倉庫業などの現場や、高度な裁量を有しているとは思えない若年層への導入は避けるべきであろうと思われます。

裁量労働は過重労働を肯定するものでは決してありません。「日本型新裁量労働制」の導入以前に、時間外労働の削減に取り組むべきであることは言うまでもありません。

POINT

「残業代ゼロ法案」と揶揄される「日本型新裁量労働制」であるが、時間外労働削減の抜け穴と考えるべきではない。

8 健康経営を目指す

健康経営とは

大手企業ではすでになじみのある「健康経営」という言葉ですが、中小企業ではまだ聞いたことがないという企業も多くあります。国では、「日本再興戦略２０１５」において、医療保険関係の施策「国民の健康寿命の延伸」のなかで健康経営に触れています。

国が考える「健康経営」とは、従業員等の健康管理を経営的な視点で考え、戦略的に実践することです。また、従業員への健康投資を行うことは、従業員の活力向上や生産性の向上などの組織の活性化をもたらし、結果的に業績や株価の向上につながると期待されています。

この日本再興戦略による取り組みの一環として、経済産業省では東京証券取引所と共同で、従業員等の健康管理を経営的な視点で考え、戦略的に取り組んでいる企業を「健康経営銘柄」として選定しています。

また、大手企業中心に行われていると思われがちな健康経営ですが、経済産業省では「健康経営優良法人認定制度」を設け、大規模法人部門のほか、中小規模法人部門を設置するなど、企業規模を問わず国の施策として推進しています。

健康経営の背景

健康経営が注目される背景には、少子高齢化による労働力人口の減少のほか、年々増え続ける医療費もあります。限られた人員で最高のパフォーマンスを発揮するためには、健康であることが必要なことは理解できます。

また、最近では、出勤していても何らかの体調不良が原因で、本来発揮されるべき職務遂行能力が低下している状態（プレゼンティーイズム）は、生産性の損失であるという概念が注目を集めつつあり、この観点からも健康経営が推進されています。

健康経営の効果

経営的な視点で考えると、経営資源はヒト・モノ・カネ（最近は＋情報）と言われますが、健康であればこそ、人はその保有する能力をいかんなく発揮して活躍することができます。言い換えれば、従業員の健康は、重要な経営資源なのです。

この考え方に立てば、従業員の健康に関する費用はコストではなく、「投資」と考えられます。これは教育費用についても同じことが言えます。

健康経営に取り組むことで、最大限の能力発揮、生産性の向上、業績向上、人材の確保・定着、企業イメージの向上といい循環につながるものと考えられます。また、高齢者雇用の面でも、従業員の健康維持増進に取り組むことで、より長く健康な状態で働いてもらえるといった効果があります。

具体的な取り組み

企業によって従業員の年齢構成、業務の性質、喫煙対策や喫煙率などは異なりますから、「健康経営」と一口で言っても、その取り組みは様々なものがあります。また、何をもって健康というのか、その定義も曖昧です。

また、時間外の抑制策と同じですが、「健康経営」を業務外の任意の取り組み事項にしてしまうと、ほとんど効果が出ないまま期間が経過し、いつの間にか立ち消えになります。経営の方針として、従業員の健康増進に取り組むことを宣言して、具体的な施策に取り組みます（図表16）。

健康経営は継続して取り組む

短期間に何かしても、健康はすぐ手に入るものではありません。継続してこそ効果が出るものです。

図表16　健康経営の5ステップ

❶	**経営理念や事業計画等に明記**
❷	**組織体制の整備** 社内で健康づくりを推進する担当部門を決める。必要であれば外部人材の協力も得る。
❸	**健康課題等の把握** ●定期健康診断の受診率 ●可能なら健診結果等による健康度の見える化 ●従業員の心身の健康状態を把握（ストレスチェックの実施） ●残業時間、年休の取得状況、食事の時間帯等の職場環境の確認　等
❹	**計画策定・健康づくりの推進** ●❸で自社の健康課題を把握し、社内で優先的に取り組む課題を決定 ●優先順位に従って課題解決の方法を検討、計画立案 ●健診受診率、喫煙率、年休取得率、朝食欠食ゼロ等の数値目標を検討 ●その他施策例 〈労働環境・職場環境の整備等〉 ・長時間労働の是正、年休の取得促進、ノー残業デーの導入 ・自販機、分煙等の職場環境の見直し 〈健康づくりの推進〉 ・運動：職場体操やストレッチの実施、ウォーキングイベントの実施、同業種主催のスポーツイベントの実施、階段使用の推奨、歩数の計測 ・栄養：社食での栄養バランスのとれた食事機会の提供、月１回の野菜現物支給 ・予防：ストレスやメンタルヘルスに対する正しい理解の促進、睡眠とアルコールに関する正しい知識の習得、保健師等による生活習慣病の改善指導、予防接種の会社負担、感染症対策、体重計や血圧計の用意
❺	**取り組みの評価・見直し** ●従業員の健康づくりイベント等への参加や実施状況の把握 ●生活習慣・健康状況の改善、参加者の満足度、仕事のモチベーションアップ等、健康づくりによる反応・効果を確認し、次の改善策を検討

出所：経済産業省と東京商工会議所による「健康経営ハンドブック」

したがって、健康経営に関する取り組みも一過性のもので終わらせずに、継続して取り組むよう、専門の部署や既存部門の業務として取り組むことが重要です。

POINT

「働き方改革」と別個に取り組みが始まっている「健康経営」は、目的や共通点も多く、同時に取り組むことも有意義である。

おわりに

「働き方改革」は、経営や人事部門のトレンドではありません。今、自社の「働き方改革」に本気で取り組まない企業は、中長期的には衰退傾向になるのではないかと感じています。

昨日と同じこと、去年と同じことを同じようにしている企業が生き残れないことは、各種報道からもご理解いただけることと思います。これまで日本企業の多くは、経済環境の変化やグローバル化の波などに対し、現場の柔軟な適応力によって対応してきました。しかし、この現場力は、社員の長時間労働などによって支えられてきたことは否めません。

働く時間の長さで対応する時代は終わります。臨時・突発的に時間外労働が発生することはやむを得ないところですが、これを恒常的な手段として使うことは、人口減少が続く環境では難しく、人材の確保・定着もままなりません。

また、社員にとっても、充実した職業人生を送るには、心身ともに健康で、仕事と同じくらい充実した私生活があってこそ、経験からの気づきや発想を仕事に活かすことができるものと確信しています。

「働き方改革」は悪い意味の「働かない改革」ではありません。1日は24時間しかありません。この大切な時間を生産性向上により、いかに賢く業績に結びつけるか、家族との時間、健康維持、様々な体験をするための余暇時間を確保できるか。これが私たちトムズ・コンサルタントの考える「働き方改革」です。

最後になりましたが、本書の刊行にあたって、総合法令出版の田所陽一さんには大変お世話になりました。この場をお借りして、感謝申し上げます。

みなさまの「働き方改革」に本書が少しでもお役に立てれば幸いです。

2017年9月吉日

トムズ・コンサルタント株式会社　河西知一、小宮弘子

15	「働き方改革」の取り組みで一定の成果があげられたが、業務と切り離して取り組んでいるため、成果に対して賃金などで報いてはいない。	☑

☑がつくと、
1～15 業績向上につながらない可能性がある

4	他社が導入しているので自社でもプレミアムフライデーを導入した。	☑
5	働き方改革は、時間外労働の削減しか取組んでいない。	☑
6	効率化推進といっているが、効率化する観点やヒントなどを示していない。	☑
7	自社の雇用形態をもとに、役割、仕事の内容、職務変更や異動の範囲について整理したことがまったくない。	☑
8	女性活躍推進、高齢者雇用、障害者雇用など、法律で定められていることは取り組んでいるが、業績に貢献するような制度や仕組み作りになっているか検証したことがない。	☑
9	経営陣は、時間外労働を削減すると事業が萎むと考えている。	☑
10	経営陣や従業員の一部は、長時間労働の抑制を中心とした働き方改革の話をすると、「売上や業務」と「コンプライアンス」のどちらを優先するのかと言う。	☑
11	以前より時間外労働が減少し、早く退社できるようになったが、早く帰ることが目的化してしまい、実際に利益の向上に寄与しているのかわからない。	☑
12	会議の効率化は、会議時間、会議の進め方など形式的な内容が多く、会議そのものの必要性などについては議論されていない。	☑
13	業務改善提案など現行の仕組みを変えコスト抑制につながる提案はあるものの、新規事業などの提案は上がってこない。	☑
14	全体に影響があり、コストインパクトの大きい時間外問題が優先され、多様性を認め、制約があるまま活躍してもらう仕組みは必要性が認められず後回しにされている。	☑

19	定年再雇用後の職務は、特段説明のないまま定年前の業務にそのまま一担当者として従事することになっている。技能承継や後任者育成について説明を受けたことがない。	☑
20	定年再雇用者には、賞与がない。	☑
21	定年再雇用者には、評価制度がない。	☑
22	定年再雇用者は、年下の上司の指示に従うことを拒み、自分勝手な方法で業務を遂行している。	☑
23	副業・兼業は何があっても絶対に認めない方針だ。	☑
24	在宅勤務はいつ何をやっているのか見えづらく反対だ。	☑
25	外国人労働者であっても、日本企業の人事制度に従わなければならない。	☑
26	外国人労働者から仕事の進め方などについて意見を言われても、日本のルールに従ってもらうしかないと思っている。	☑

☑がつくと、
1～9 性別や雇用形態による役割意識が強い
10～15 育児介護をする従業員が活躍できない
16～22 高年齢者が活躍できない
23～26 その他柔軟な働き方をする人が活躍できない

第5章「企業業績に貢献する『働き方改革』を目指す」のチェックリスト

1	職場、個人別に時間外労働が多い原因について把握していない。	☑
2	時間外労働の原因もわからずに、時間外労働の削減だけを指示している。	☑
3	ノー残業デーの日に定時退社できた人数や退社率だけ気にしている。	☑

6	管理職になるには、転居を伴う転勤ができないとなれない。	☑
7	管理職になるには、ある程度時間外労働もやり、ある程度上司の酒席につきあわないと推薦してもらえない。	☑
8	顧客対応もなく内勤のみでも、女性だけが制服を着用している。	☑
9	契約社員、パートタイマーなど、事務系の非正規雇用者は、女性しかいない。	☑
10	育児休業前に管理職だった女性社員が、復帰後は責任が果たせないとして管理職から降りている。	☑
11	育児休業から復帰後は、子供の病気などで急に早退や休むことがあるため、途中で帰っても支障が出ないよう責任のない簡単な仕事に職務変更になる。	☑
12	育児休業から復帰後は、子供の病気などで急に早退や休むことがあるため、チーム制の業務から外され、一人担当の業務に配置される。	☑
13	子供の病気などで急に早退したり休んだ翌日は、会社に行きづらい雰囲気がある。	☑
14	介護休業や介護短時間勤務制度などは、女性社員しか利用したことがない。	☑
15	実際に育児休業から復帰するまで、復帰後の職場がわからない。	☑
16	定年再雇用制度については、法律で決まっているから仕方なく雇用しているといった理解をしている人が特に若手に多い。	☑
17	定年再雇用者の給与は、再雇用後の職務と関係なく、定年前給与の６割程度に低下する。	☑
18	定年再雇用者には、再雇用後にどのような役割や責任があり、成果が求められているかについて、説明されたことはない。	☑

22	管理職や勤続年数の長い先輩社員に気に入られないと、無視されたり、同じことをしても一人だけ叱責されたりすることがある。	☑
23	出退勤時に挨拶をする人があまりいない。	☑
24	職場の連絡事項の伝達等はメールを中心に行われている。	☑
25	同じ職場でもほとんど話したことがない人がいる。	☑
26	年休取得する前日でも、特に上司や同僚に声をかけない。	☑
27	上司に仕事の報告に行っても、忙しそうに書類に目を通しながら、またはパソコンを打ちながら話を聞き、報告者と目も合わせないときがある。	☑

☑がつくと、
1～7 性別役割分担意識に注意
8～10 セクシュアルハラスメントに注意
11～15 妊娠、出産、育児介護に関するハラスメントに注意
16～22 パワーハラスメント、パワハラもどきに注意
23～27 コミュニケーションの希薄さに注意

第4章「ダイバーシティと『働き方改革』」チェックリスト

1	制約のない働き方コース（何でも、どこでも、いつまででも）が最も待遇がよい。	☑
2	社内では、時間外労働ができない人、頼めない人には重要な仕事は任せられないと考えられている。	☑
3	要領よく仕事を終わらせ時間外労働がほとんどない社員があまり評価されていない（要領がいいことは良いこととあまり思われていない）。	
4	実際の仕事の量や質はさておき、忙しそうに残って時間外労働をしているほうが“頑張っている”と評価される。	☑
5	転勤あり・なしの人事コースに分かれていないが、転居を伴う転勤は男性しか発令されていない。	☑

8	セクシュアルハラスメントについて、正社員と非正規雇用者では明らかに異なる態度で接する社員がいる。	☑
9	勤務時間終了後の懇親会などは職場ではないため、何があっても管理職は参加者の言動に注意を払う必要はない。	☑
10	職場の会話のなかでLGBT（性的マイノリティ）に関する否定的・からかいの発言が出ることがある。	☑
11	男性社員でこれまで育児休業を取得した人が誰もいない。	☑
12	男性社員が育児休業や介護休業を取得しづらい雰囲気がある。または管理職の日頃の言動から休業申請しにくい。	☑
13	子育て中の女性社員が、子供の病気などで急に早退したり休んだりすることについて不満や批判している管理職や社員がいる。	☑
14	子育て中の女性社員は、子供の病気などで急に早退したり休んだり、短時間勤務をするから、大事な仕事は任せられないといった発言をする管理職がいる。	☑
15	育児休業明けで短時間勤務をしている社員が、次の子の妊娠を告げると、また休むのかと言われたり、職場で気まずい雰囲気になる。	☑
16	声が大きく威圧的な態度の管理職がいるが、本人は自分の言動が誤解されやすいとまったく思っていない。	☑
17	管理職が部下に指示する際は、目的や理由、なぜそうするかは言わずに指示だけだしている。	☑
18	パワハラ研修は、座学の知識習得中心で、事例を検討したり、参加者同士が意見を交換したりするような気づきを与える研修を行っていない。	☑
19	上司や先輩に対して、意見や反論しにくい雰囲気がある。	☑
20	職場内では上限関係が絶対に優先される雰囲気がある。	☑
21	上司部下を問わず、批判や陰口、噂話を耳にすることが多い。	☑

20	会社または管理職が中心となって、日頃から仕事が終わったら帰るよう促していない。	☑
21	ノー残業デー等であっても、管理職は仕事の内容を確認せずに時間外労働の申請を承認している。	☑
22	管理職自らが、ノー残業デーを含め、日頃から仕事が終わったら率先して帰るようにしていない。	☑

☑がつくと、
1～3 法令違反
4～10 安全配慮義務違反の可能性がある
11～14 時間外労働の隠れ債務の可能性がある
15～19 長時間労働を助長する可能性がある
20～22 帰りにくい雰囲気がある

第3章「『働き方改革』実現に必要な企業風土づくり」チェックリスト

1	会社方針、拠点方針、部門方針、事業戦略や目標などに関する事項は、男性社員にのみ伝えている。	☑
2	「企画業務」「基幹業務」は男性中心、「事務処理」「定型補助業務」は女性中心に分けて行っている。	☑
3	営業職の採用において、実際は男性しか採用していない。これらも基本的に男性のみ採用する。	☑
4	管理職の一部は、男性の社員に対して「男のくせに」「男らしく」などの言葉を使っている。	☑
5	同じ職種であっても女性社員には、仕事の量や質を調整している。	☑
6	重要な顧客や注意しなければならない取引先は、男性社員に担当させている。	☑
7	取引先や職場の懇親会では、上席者の隣に必ず女性社員を配置している。	☑

6	月45時間を超える時間外労働をしている者について把握していない。	☑
7	長時間労働者の産業医面接は、申出があった者しか実施していない。	☑
8	管理職は、時間外労働が多い従業員に対し、仕事の優先度や業務効率化などのアドバイスを行っていない。	☑
9	管理職は、時間外労働が多い従業員の業務量の調整や担当業務の変更を行っていない。	☑
10	管理職は、時間外労働が多い従業員に対し、定期的なフォロー（健康状態の確認、業務量の調整など）を行っていない。	☑
11	時間外労働の申告時間と実際の労働時間が乖離している従業員が一定数いる。	☑
12	部署により時間外労働の申請時間について、上限が決められている、または暗黙知の上限時間が決められている。	☑
13	振替休日がほとんど取れていない。いつの振替出勤の分なのかわからない。	☑
14	管理職は、時間外労働の申請をせずに残っている部下に対して、何も声をかけない。	☑
15	管理職は、部下が時間外労働をしている理由を確認していない、または知らない。	☑
16	今日やらなくてよい仕事で時間外労働を申請されても、帰宅指示をせず時間外を認めている。	☑
17	会社に無断で休日出勤する従業員がいる。	☑
18	深夜や休日に至急の内容でなくても部下にメールする管理職がいる。	☑
19	終業時刻間際に業務指示をする管理職がいる。	☑

付録　あなたの会社の「働き方改革」チェックリスト

第1章「『働き方改革』の現状を考える」チェックリスト

1	「働き方改革」に取り組む必要性を理解していない。	☑
2	「働き方改革」９つのテーマについて、自社の現状を把握していない。	☑
3	自社の現状分析をしたうえで、改革すべき項目を選定していない。	☑
4	「働き方改革」の逆効果を認識していない。	☑
5	経営陣が気にかけているのは、長時間労働による役員などの責任問題だけである。	☑
6	正社員と非正規雇用者の賃金の決め方に整合性がない。	☑

☑がつくと、
1～6「働き方改革」は絵にかいた餅、または一過性の効果に終わる。

第2章「過重労働をなくすためにやるべきこと」チェックリスト

1	36協定で定めている時間外労働の限度時間について、従業員は知らない。	☑
2	36協定で定めた時間外の限度時間を超えそうなときは、事前に36協定で定めた手続（通知、協議、同意）を踏んでいない。	☑
3	時間外労働の時間数は36協定の特別条項で定めた時間外の限度時間を超えることがよくある。	☑
4	毎月あるいは数カ月に１人以上は、時間外時間数が80～100時間の従業員がいる。	☑
5	個人別の時間外労働について累計時間（毎月・年間）を確認していない。	☑

【著者紹介】

河西知一（かさい・ともかず）

特定社会保険労務士／トムズ・コンサルタント株式会社 会長
大手外資系企業などの管理職を経て、平成7年社会保険労務士として独立後、平成11年4月にトムズ・コンサルタント株式会社を設立。労務管理・賃金制度改定などのコンサルティング実績多数。その他銀行系総研のビジネスセミナーでも明快な講義で絶大な人気を誇る。著書に『事例からわかるモンスター社員への対応策』（泉文堂）、『絶対やってはいけない会社の人事』（共著・総合法令出版）、『会社の実務担当者のためのストレスチェックQ&A』（監修・泉文堂）など。

小宮弘子（こみや・ひろこ）

特定社会保険労務士／トムズ・コンサルタント株式会社 社長
都市銀行にて外為業務、人事総務業務に従事。資格取得後、トムズ・コンサルタントに入社。「人」に関するスペシャリストとして、分野を問わずにマルチに活躍。労務相談業務を中心に人事制度改定や就業規則改定など、幅広く活躍。その他セミナー講師などとしても活躍。著書に『法律家のための年金・保険』（新日本法規）、『絶対やってはいけない会社の人事』（共著・総合法令出版）、『会社の実務担当者のためのストレスチェックQ&A』（共著・泉文堂）など。

トムズ・コンサルタント株式会社
http://www.tomscons.co.jp/

この1冊でポイントがわかる「働き方改革」の教科書

2017年10月5日　初版発行

著　者　河西知一・小宮弘子
発行者　野村直克
発行所　総合法令出版株式会社
〒103-0001　東京都中央区日本橋小伝馬町15-18
ユニゾ小伝馬町ビル9階
電話 03-5623-5121

印刷・製本　中央精版印刷株式会社

落丁・乱丁本はお取替えいたします。

ISBN 978-4-86280-575-1
総合法令出版ホームページ　http://www.horei.com/

総合法令出版の好評既刊

経営・戦略

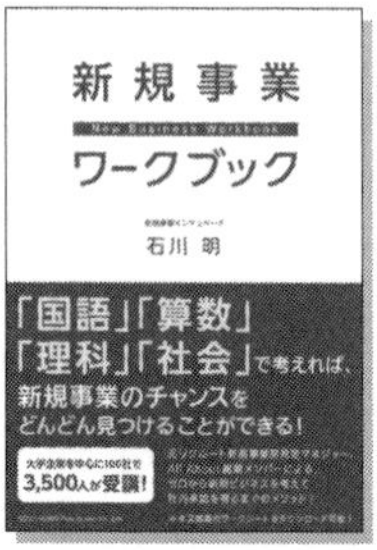

新規事業ワークブック

石川 明 著

元リクルート新規事業開発マネジャー、All About創業メンバーである著者が、ゼロから新規ビジネスを考えて社内承認を得るまでのメソッドを解説。顧客の"不"を解消してビジネスチャンスを見つけるためのワークシートを多数掲載。

定価（本体1500円+税）

新規事業立ち上げの教科書

冨田 賢 著

新規事業の立ち上げは、今やビジネスリーダー必須のスキル。東証一部上場企業をはじめ、数多くの企業で新規事業立ち上げのサポートを行う著者が、新規事業の立ち上げと成功に必要な知識や実践的ノウハウをトータルに解説。

定価（本体1800円+税）

世界一わかりやすい
プロジェクトマネジメント（第4版）

G·マイケル·キャンベル 著　中嶋秀隆 訳

アマゾン「オールタイムベストビジネス書 100」に選出された、プロジェクトマネジメントの定番テキストの最新版。プロジェクトを成功に導くための実践的ノウハウをプロジェクトの各フェーズごとに詳細に解説。

定価（本体2900円+税）
